解讀
歐陽竟無

楊照 策劃|主編

三民書局

「展讀民國人文」總序

文／楊照

三民書局的「展讀民國人文」出版計畫特別著重「民國」作為清楚的時代標記，「民國」的前半場域是中國大陸，時間從一九一二年到一九四九年；「民國」還有後半，那是一九四九年之後搬遷到臺灣來所經歷的關鍵變化。

在大陸的前半與在臺灣的後半，共同的特色是快速的變化與動盪，時局混亂打破了所有的現成答案，以至於逼迫人人困思問題解決方案，同時卻也打開可以進行破壞性或建設性種種實驗設計的大空間。

因而「民國」是出人物的時代，尤其是出人文思想人物的時代。並不是因為那些人都吃了神藥大力丸，不是因為他們遺傳了天賦異稟，而是時代的動盪與糾結，逼出了他們的智慧與活力。他們沒有固定的位子，沒有往後看、往前看能夠有把握的軌道或方向，他們只能去找出、創造出自己的道路，往往是前人沒走過，甚至是前人認定絕對不可能走的道路。

作為「民國人物」的陳寅恪，可以自由地在歐美遊學，不顧念、不追求學位，立志要培養自己研究「西北史」的所有學術配備；然後回到中國，受到變化時局的衝激，竟然也就快速轉型，將學術重心移轉到中古史上，成為中古史的大家。而這只是陳寅恪生命中大約二、三十年間發生的事。

又例如胡適，他到上海進了學堂才開始學英文，沒多久就去了美國留學，在康乃爾念農學，才第一年，他就開始用英文寫日記，還用英文對美國人宣講、解釋「中國是什麼」。他很快放棄了農學，轉到哥倫比亞大學念哲學，沒等到完全辦好博士學位手續，就又回到中國，不到三十歲的年紀已成為北京大學最受歡迎的教授。那麼短的時間內，他的生命走出那麼多不同的風景。

這絕對不單純是陳寅恪、胡適了不起，而是他們活在「民國」，得到了如此了不起、能夠成為「人物」的機會。「民國」是考驗、是挑戰，現實的條件使得在這個動盪空間中生活的人，沒有辦法做長期計畫，沒有資源完成具體社會建設，卻也因此鼓舞、刺激了豐富的人文思想。那不是關在象牙塔裡的哲思，也不是閑靜漫步的沉穩產物，而是從再切身不過的存在困窘中逼擠出來的看法與論點。國家可能被瓜分，故鄉可能被強占，家庭可能徹底拆解，生活的最後據點明天可能就要消失……每一項都是真實的威脅，無從逃躲，非面對、非提出對自己、對群體的解釋不可。

我長期以來不斷呼籲：「民國」不該被遺忘，忽略「民國」我們就無從弄清楚臺灣歷史的來龍去脈；更重要的，拋棄「民國」也就拋棄了這由眾多人存在苦痛換來的豐富人文思想資源。

二〇二一年史家余英時先生去世後，我受「趨勢教育基金會」之邀，錄製了一系列共十五講的課程，完整講述余英時主要的史學論著；次年，又受北京「看理想」機構之託，製播了共九十集的

「溫情與敬意：錢穆學思總覽」節目，在過程中廣泛涉獵從與錢穆、余英時同代的相關學者論著，產生了對於「民國人文學術」更深刻的珍視。在臺灣，三民書局是錢穆和余英時著作出版的關鍵交集機構，於是出於對時代與自身歷史背景負責的考量，對劉仲傑總經理提出了編選這套系列叢書的想法。很幸運地，我的構想獲得劉總經理的大力支持，配備了充分的編輯專業人才協助參與，得以在一年多的準備之後，到二〇二三年中實現為和讀者相見的精編選集。

「民國」的歷史狀況使得這段時期的思想，很明顯地以原創性與多樣性見長，相對地缺乏大規模系統建構的成就，因此最適合以選文的方式來呈現。系列中每一本選集基本上都是在通覽目前能找到的作者著作全集後編定的，盡量保留個別篇章的完整面貌，避免割裂斷章取義。體例上，每本選集前面附有長篇「導讀」，向讀者充分說明這位作者的時代意義，以及其思想、經歷的重點，減少閱讀隔閡，幫助大家得到更切身的體會。另外按照文章性質分若干輯，每輯之前備有「提要」，既提供文章出處背景，也連繫「導讀」內容，進一步刻畫作者的具體思想面貌。

「展讀民國人文」系列第一批共十本，提供了從一八六九年出生的章太炎，到一八八五年出生的熊十力，包括梁啟超、陳垣、呂思勉、歐陽竟無、王國維、蔣夢麟、馬一浮、張君勱等民國學術人文思想人物的作品精華，希望能讓讀者興發對這段歷史的好奇，如果得到足夠的支持，我們將會在未來擴大人物系列，期望能開創出一片「毋忘民國」的繁華勝景來。

解讀歐陽竟無——目次

「展讀民國人文」總序

導讀 1

第一輯 佛法真義與研究

提要 35

佛法非宗教非哲學 37

以俗說真佛之佛法談 53

佛法為今時所必需 63

今日之佛法研究 73

談內學研究 79

第二輯　修煉暨論證

提　要 93
心經讀 95
支那內學院院訓釋 103
辨虛妄分別 179
辨二諦三性 183
辨方便與僧制 191
與章行嚴書 199
覆魏斯逸先生書 205
答陳真如書 209

再答陳真如書 217

第三輯　儒學與佛學

提　要 225
孔　佛 227
孔佛概論之概論 231
夏聲說 237
緒　言 241
與陶闓士書 245
蜀儒陶闓士墓表 253
覆蒙文通書三十二年二月一日 255

第四輯　序文、傳略

提　要　261
詞品甲乙敘　263
心史敘　267
散原居士事略　269

導讀

1

歐陽竟無本名歐陽漸，江西宜黃人，一八七一年出生，後來成為佛學大師，以「竟無」（究竟空無、無是終極根本）之名行世。

歐陽竟無最重要的思想地位，在於逆反了千年以來的佛教發展，堅決主張「印度本位」立場，對諸多在中國本土產生的漢化教派，不只反覆批判，而且採取了近乎全盤否定的態度。他對禪宗的反感尤深，就連華嚴、天台等已經取得中國佛教正宗地位的教派，他也毫不寬假，以非印度本源、違背佛陀所教本義之理由，一概置入否定之列。

他藉以弘揚佛法最主要的機構，稱為「支那內學院」。「內學」就是強調「內外有別」，印度佛教是核心、為「內」，對外傳播之後才衍生出漢傳、藏傳、和傳等支脈，過去中國佛教為禪宗、華嚴、天台、淨土各宗所籠罩，等於「外」壓過了「內」，所以他要重新肯證、弘揚「內學」，反轉這個長期的歷史錯誤。

而因為以印度為宗，連帶採用「支那」這樣的國際性名稱，而不是「中國」。

歐陽竟無對於佛教有如此嚴格、排外的標準，不過他自己接觸佛教，投入佛教研究其實相對較晚，並不是一開始便認定佛學為其生命信仰，甚至早年也並未積極在佛學認識、探索上，培養所需的種種思想配備。

歐陽竟無五歲即喪父，處在一個奇特的貧困家庭中。父親早逝，留下了三房妻子，分別是竟無嫡母、庶母和生母，另外分別出自三位不同母親的一兄三姊，一家骨肉八人，相依為命。竟無在由黃爵滋擔任第一任山長的「經訓書院」求學，得到了最早的學術、知識訓練。

黃爵滋是歐陽竟無的宜黃同鄉前輩，道光三年（西元一八二三年）進士，最有名的事蹟是在道光十八年（一八三八年）向皇帝呈送了〈嚴塞漏卮以培國本書〉，主張嚴禁鴉片，建議給一年寬限期，到期後如果還不戒除吸鴉片，平民處死，官吏加等治罪，子孫不得應試。黃爵滋的意見得到了林則徐、陶澍等人的支持，開始了「禁菸運動」，也就是後來引爆「鴉片戰爭」的直接原因。

歐陽竟無在「經訓學院」所受的教育基礎，後來被追求佛學的熱忱掩蓋了，然而當晚年遭逢日本侵略，「支那內學院」被迫西遷到四川江津，外寇當前，歐陽竟無多次援引鄉前輩黃爵滋的言行為模範，甚至再從黃爵滋而上溯另外一位鄉前輩，明代的譚綸作為戰時的精神依憑。譚綸在嘉靖二十九年（西元一五四八年）被任命為台州知府，負責處理愈來愈嚴重的倭患。譚綸在地方上自募鄉兵，自行訓練，兩年後收到成效，在柵浦大勝來寇。之後譚綸和戚繼光、俞大猷等人聯合用兵，十年間平息了倭患。這樣的事蹟，在抗戰期間讓歐陽竟無更感需要，藉此得到精神上的鼓舞。

2

歐陽竟無投身佛學研究，有一部分是受到時代潮流的沖激影響。整理中國近代思想史，可以清楚看到「清末三大思潮」的興起，共同的根源是對於傳統經學感到強烈的不足與不滿。

從經學內部裂變出「今文經學思潮」，強調知識與現實的呼應結合，一方面發揮今文經學中對於孔子是「素王」、孔子編撰與創造的文獻是要「為後世立法」的主張，重新塑造儒學的精神；另一方面則以當時現實問題，回頭自由詮釋經書內容，名為詮釋，實則大膽創新。

從原本的考據學主流另外延展出「諸子學思潮」，尤其是特別專注挖掘和傳統儒學差異最大，因而過去長期被壓抑、忽略的諸家著作，例如墨家、名家、陰陽家等。用考據的嚴格方法究明這些文獻的字句意義，提供了科舉經學以外的思想資源。

類似的動機也刺激了佛學的發展，而有「大乘佛學思潮」。最具代表性的思想發展，呈現在譚嗣同的《仁學》書中。譚嗣同有取於佛教的，主要是「其堅忍不撓……曰威力、曰奮迅、曰大無畏、日大雄，括此數義，至取象於獅子。……故夫善學佛者，未有不震動奮發而雄強剛猛者。」這種「剛猛」是傳統儒學，尤其已經徹底被科舉考試定型僵化的儒學中，絕對找不到的。現實的困境召喚改變，改變須有勇氣與行動力，佛教提供了一份勇氣、行動力的依據，而大乘佛教強調「菩薩行」的信念，更將勇氣與行動力明確運用在現實上。

進入民國時期，佛教又增添了新的作用。我在《解讀章太炎》書中說明過：

時代氣氛為什麼會讓佛學愈來愈受到重視？其中一項原因，章太炎曾經在演講中解釋過：受到西方思想、文明的衝擊，探索西方之所以強大，以西方為模仿、學習榜樣，逐漸注意到基督教的關鍵地位與作用。西方歷史發展脫離不了宗教，統一的宗教是西方文明確確實實的基礎。那麼是不是中國也需要宗教來促成文明進化呢？

康有為因此而堅持「孔教」，等於是要將儒家宗教化，並將孔子奉為教主。在參與《時務報》短暫期間，章太炎已經察覺了康有為背後「自為教主」的心態，並極度不以為然。康有為視孔子為「素王」，將《六經》解釋為是孔子用來替後世訂定太平制度的「托古改制」文獻，卻又自號「長素」，豈不是認為自己還「長於素王」嗎？所以提倡「孔教」看起來真正目的是要滿足康有為當教主的狂妄野心吧！

……一九一三年底，章太炎發表了「駁建立孔教議」，文章中說：「孔子於中國，為保民開化之宗，不為教主。……孔教本非前世所有，則今者固無所廢；莫之廢則亦無所復矣。」

「孔教」行不通更根本的理由是儒家植基於現實，主要關懷在俗世人際倫理，孔子更是明白反對超越權威崇拜，硬要將儒家打造成信仰，太勉強了。「孔教」必然行不通，基督教又在中國全無基礎，很難移植進來得到人心真誠信仰，那麼剩下的選項就只有佛教了。

「蘇報案」繫獄期間，章太炎有時間也有動機理解佛教，他讀了《瑜伽師地論》、《因明學》、《唯識論》等，大為折服，轉而相信「玄理無過《楞伽》、《瑜伽》者」。

很明顯地，章太炎選擇的都是佛教中帶有高度思辨性質的內容，後來更明白主張當時環境中，「法相宗」唯識學最切合中國之需要。尤其在西方科學帶來的嚴格智識主義與邏輯思考潮流中，只有像唯識學這種細密分析導向的思想，可以適應現代之需求。

章太炎只長歐陽竟無兩歲，兩人是不折不扣的同代人，吸引章太炎由儒轉佛的潮流力量，顯然也同樣在歐陽竟無身上發揮作用。

3

不過，歐陽竟無對於佛學的研究，還有另外一層深切的個人體驗。他自述：

漸之學佛與他人異。我母艱苦，……病魔死生，儒既無術應我推求，歸根結蒂之中，下手入門之始，亦五里墮霧彷佛依稀。乃於我母謝去之一時，功名富貴、飲食男女，一刀割斷，廁足桑門，四方求諸西方古人，乃沛然有以啟我。家不幸，女蘭，十七，從予學於金陵，予以刻經事入隴，歸則夭歿。中夜號慟，既已無可奈何，乃發憤讀書，數數達旦，於是《瑜伽》明，唯識學豁然。乃有滇遊，四方之士日至。子震元，英邁有志，又游泳斃。發憤讀《般若》、讀《華嚴》、讀《涅槃》，次第洞然。

短短一段話，涉及幾樁死別事件。一九〇六年，歐陽竟無三十五歲，母親去世。母親除了生歐陽竟無外，只有另一個姊姊歐陽淑珍。歐陽淑珍二十歲嫁入鄭家，婚後不到一年丈夫就去世，隨即丈夫的哥哥連番出事，鄭家待不下去，淑珍不得不返回娘家。母親去世後，淑珍又失去了娘家的依恃，遷徙入九峰山，照歐陽竟無的說法，處身於「趨空門倚佛，霧陰悍鷙之氣充於山」的環境中。

一九〇八年，歐陽竟無從日本回到中國，先到「兩廣優級師範學校」擔任經學老師，卻大病一場，不得不退居故鄉養病，他就是在九峰山上和姐姐共居，對山中情景留下了深刻卻負面的印象，也生出了對姊姊的高度同情。到一九二六年，歐陽淑珍因病去世，竟無大受打擊，堅信姊姊的病來自於那樣不良有害的環境，而且必定是為庸醫所誤才會中年猝逝。

一九一〇年，歐陽竟無養病痊癒後，動了專心研習佛法的念頭，前往南京楊仁山所設立的刻經處，帶著當時十七歲的女兒歐陽蘭。到一九一五年秋天，歐陽竟無到西北出差，回到南京時才得知他遠離的這段時間中，歐陽蘭竟然病逝了，他連和女兒見最後一面的機會都沒有，只能「中夜號慟……無可奈何」。

歐陽蘭死後，弟弟歐陽東到南京來陪伴父親，得陳銘樞賞識，一度將他帶在身邊遍歷東南地區。到一九二二年，北京大學來邀歐陽竟無任教，竟無推辭了，轉薦弟子熊十力前往，並央熊十力將歐陽東也帶到北京，以便繼續學業。歐陽東在京一年，次年到上海就讀同濟大學，不料竟然於九月十八日游泳溺斃，年僅十九歲。

前引那段話中沒有提到，當時歐陽竟無不可能預見的，還有另外一樁悲劇。歐陽竟無共有三個子女，除歐陽蘭、歐陽東之外，還有在國民黨軍事體系中甚有成就的長子歐陽格。歐陽格和陳銘樞同樣活躍於國民黨內，尤其和勢力正升起中的蔣介石關係密切，據說兩人還曾結拜為義兄弟。

歐陽格歷任中山艦、豫章艦、飛鷹艦艦長，再升任為海軍總指揮、海軍艦隊司令、海軍中將。然而一九三八年，歐陽格卻遭到逮捕，任內諸案併發，受到軍事審判。其中一案溯及一九三二年的「一二八上海保衛戰」，據指控：戰爭中日軍艦砲猛烈轟擊守軍十九路軍駐地，十九路軍緊急請求海軍支援，當時擔任海軍艦隊司令的歐陽格，卻正在南京城和日本海軍代表驅車賞月，確認與日本海軍「互不侵犯」的原則，也就拒絕了十九路軍求援。

另有一案，是一九三八年的馬當會戰，歐陽格被控為了保存實力不戰而退；還有人具狀揭露他貪汙受賄。經過了將近兩年調查審判，一九四〇年八月，歐陽格在重慶遭到槍斃。而同樣那一年，歐陽竟無的妻子也去世了。

4

從思想史而非宗教史的角度看，民國佛教興盛的根源因素之一，就是前面提到的楊仁山。有清一代，皇室因為和蒙古聯盟的關係，崇奉喇嘛教，相對冷落漢傳佛教；雍正朝又對具有群眾吸引力的諸教派明白施禁，被納入禁令中的包括了無為、白蓮、聞香、混元、龍元、白陽、圓通等教派。另外在清律中明訂「凡妄稱彌勒佛、白蓮社、明尊教、白雲宗等會，為首者絞，為從者杖一百、流三千里；凡傳習白陽、白蓮、八卦等教者亦同。」

政治的嚴格管制壓不住白蓮教之亂，卻大為限制了佛寺與佛教教團的發展，以至於清代少有高僧，尤其在思想領域，佛教幾乎沒有任何地位、影響。晚清思想解禁爆發的時代，要在傳統儒家知識以外找出路，極具代表性的龔自珍、魏源，開啟了對於西學的關注，然而畢竟條件未成熟，在引進、開展西學上成就不彰，真正能有影響的，是從相對邊緣的知識領域中，挑出了今文經學與佛學，挑戰正統主流。自龔、魏之後，今文經學氣勢日盛，許多治今文學者依隨他們的榜樣，也多兼治佛學。

這一代新興的佛學研究者，原非佛門中人，更無佛寺與教團可依，於是很自然地以居士身分為主，其中最有系統地推進佛教思想的，首推楊仁山。一八九七年，楊仁山在南京設立了「金陵刻經處」，從兩個方面致力於弘揚佛學：一是流通經籍，二是開展佛法教育。

楊仁山所刻之佛經，非同一般。他結識了日本人南条雄文，得到南条的大力協助，從日本蒐集了大批中國本土已經佚失的經籍，其中不乏許多唐人著述，展現了和近世宋朝以下很不一樣的佛教思想內容，尤其和禪宗興起後高度本土化的中國佛教大異其趣的面貌。事實上，歐陽竟無就是在加入「南京刻經處」時，大量接觸唐代經籍文獻，察覺後來佛教漢化帶來的思想、理論變化，起心動念要追索未受漢化影響前的印度佛教原貌。

在刻經所外，楊仁山又創設了「祇洹精舍」，那是重要的佛學教育機構。一九一〇年，又有陳散原（陳寅恪的父親）、沈增植、梅光義等人發起創設的「佛學研究會」，由楊仁山出任會長。楊仁山在「研究會」每週講經，他特意表白自己的立場：

今時盛談維新，或問：「佛學研究會維新乎？」曰：「非也」。「然則守舊乎？」曰：「非也。」「既不維新，又不守舊，從何道也？」曰：「志在復古。」「復古奈何？」曰：「本師釋尊之遺教耳。」「方今梵剎林立，鐘聲相聞，豈非遺教乎？」曰：「相則是矣，法則未也。禪門掃除文字，單提『唸佛的是誰？』一句話頭，以為成佛作祖之基，試問三藏聖教有是法乎？此時設立研究會，正為對治此病。」

楊仁山的佛法研究與教育目標，針對近世以下成為中國佛教主流的禪宗而來，對禪宗最主要、也最強烈的批判立場則在於：禪宗不純正，所執持的理論不在正統的印度佛教本經內容中，不是佛祖原始的理論教誨。

歐陽竟無完全認同、承襲了楊仁山的這個看法，並在學術上將之更往前推。他不只要依循從日本那裡尋來「出土」的唐代古譯經典，跳過宋朝時期發展的中國本土教派，重講佛教教理，他還要以最嚴謹的考據態度與工夫，對這些佛典進行對照解讀，還原佛祖原意本訓。

佛教進入中國，經歷幾個不同的階段，有不同的性格。早期魏晉南北朝階段，以「格義」方式進入中國，附會老莊、易玄，在世族文化中影響很大，然而言人人殊，稱不上有系統的傳播，佛寺的社會作用遠高過佛理的認真探索。就是為了解決無系統帶來的混亂困惑，刺激了多位信仰者尋求到根源之地印度尋訪終極答案，玄奘法師的求經取經是這個潮流最醒目也最有成就的行動。

而玄奘法師投身譯經、解經的嚴格態度，也奠定了唐代佛教高度思考性、理論性的基礎。先是試圖探索彰顯印度佛教的全幅面貌，繼而轉往創建中國本土融合系統的方向發展。天台宗、華嚴宗、禪宗是融合突破的頂峰表現。

從楊仁山到歐陽竟無，他們藉由日本回傳經籍，重返玄奘開啟的那個傳統，感染了那個時代還原佛教本相的熱情。而在清朝末年，曾經極盛一時的考據學餘威猶存，歐陽竟無很自然地將考據的方法與精神，嫁接到佛學研究上，找到了自我投入的目標，也開拓了一條新的思想道路。

放回到清末民初的動盪背景中，歐陽竟無另外回應了當時的西潮衝擊。來自歐美帝國主義的連番攻擊，使得中國傳統文化權威搖搖欲墜，「西化」呼聲愈來愈高漲，隱隱然將形成主流。歐陽竟無和許多當代青年一樣，在集體挫敗經驗中失去了對中國社會、中國文化的信心，離開了執守、辯護傳統的立場，朝「西化」主張靠攏。然而他提出了與其他人不同的「西化」觀：「西化」有兩種，歐美化與印度化，而與其導向歐美，中國毋寧更應該考慮導向印度。因為印度化的「西化」在中國早已發生，比歐美化容易被現實中國社會接受；而且檢討西方的興盛，關鍵在於通商和宗教兩大力量，中國如果印度化，還能取得佛教作為新時代所需的宗教基礎。

5

歐陽竟無轉向佛學，投入楊仁山門下，主要受故友桂伯華的影響。桂伯華在一八九八年動亂時，曾加入「南學會」，結識了梁啟超、陳寶箴、熊希齡、陳散原等人，因而在戊戌政變發生後，被劃為「康黨」，不得不藏身隱匿，不久又兼受嚴重的病痛之苦。身心雙重煎熬中，桂伯華偶得《金剛經》，閱讀之後「恍然於人生虛幻。疾癒，趣金陵，依楊仁山大師學佛。」

歐陽竟無回憶，當時他仍然以科舉為念，考試中最忌在卷中談佛，所以當桂伯華倡言佛理時，先輩同輩都視之為怪物。歐陽竟無信從王陽明學說，但顧念友誼，對桂伯華的佛理高論不予批評、爭辯。或許因為這樣的態度，讓桂伯華特別將《大乘起信論》、《楞嚴經》等書交給歐陽竟無，勸他不妨拿來當作床頭睡前讀物，這是歐陽竟無接觸佛教的開端。

一八九七年歐陽竟無的長兄歐陽淚突然去世，全家生計落到他身上，他只好努力尋求科考出路。一九〇三年考中「優貢」，卻接著在廷試中只考取了第二等，無緣入國子監再深造，以「貢生」資格落入官場底層討生活。清代貢生最高只能得到八品的位子，就連七品的縣令都需舉人、進士出身，歐陽竟無只能得到為廣昌教諭的職位。

歐陽竟無到北京應廷試路途中，經過南京時，去「刻經所」尋訪桂伯華，見到了楊仁山，隨後母親去世，他因而決定要「歸心佛法」。繼承楊仁山，歐陽竟無「歸心」的方式，帶有高度的學術性質。在刻經流通方面，歐陽竟無缺乏楊仁山的財富資源，也沒有長袖善舞的經營關係，不可能有太大的貢獻，他的精神心力於是擲向了整理「大藏」與研究佛學上。

中國傳統的「大藏」固然收羅甚富，然而基本上缺乏合理的分類架構，又因為是外來典籍，通過翻譯，必然有眾多混亂。首先是眾經典來歷不明，甚至不確定是印度佛教中的真經典，還是後來衍生依託的；其次，許多經書超過一個譯本，各本多有刪節改動，也沒有集合眾本考據還原全貌的努力。各譯本使用不同時代的語詞語法，不只難以統一，更有許多艱澀難懂之處，就更不用提在多次傳鈔間出現了脫文、誤字等，夾雜在本身就不通順的譯文間，往往無法校讎訂正。

歐陽竟無以極大的願力，不畏艱辛，面對這項歷史遺留下來的大課題。從一九二七年起，以十年的時間，編定了包括五十多種經籍的《藏要》三輯，等於是《大藏》的精華選輯。更重要的，是對這五十多部書進行了層層的整理安排。

第一層是從理論的觀點進行分類，分為「俱舍」、「戒律」、「唯識」、「般若」、「涅槃」等五大類，而且刻意凸顯強調，這樣的分類架構，背後有關於佛教論理發展的依據，和漢傳教派如天台、華嚴盛行的「判教」作法，大異其趣。

第二層是每一部佛經都廣為蒐羅各代譯本、各種刻本，經過比對，從中選定最好的版本來復刻印行。選擇標準主要考慮協助讀者閱讀領會，以文意曉暢、清通易明為上。

第三層，校對過程盡量以南北宋舊刻為準，查清楚元明刻本異文產生的原因與來歷，必須有允分證據顯示後來刻本改動有理，才對舊刻文句進行修改。

第四層，如果有兩種翻譯兩種不同內容，無法判斷孰是孰非，文章表現也不相上下，那就予以並存呈現。

經過了這樣一番深浸在佛經校勘的長期體驗後，歐陽竟無對於佛教的認知，更為偏向思考哲理，而遠離了信仰、儀式或直覺領悟，並且形成了對佛教的一些根深柢固、近乎固執絕對的性質認知。

6

首先，歐陽竟無認定有一個佛教的全體存在，而要研究佛教，就必須以這全幅面貌為對象、為基礎、為背景。在繼承並光大楊仁山的佛學教育上，歐陽竟無成立了「支那內學院」，這所私人講學機構，以吸引了眾多民國文士名人而廣受重視。曾經在院研習者有三百多人，其中包括了好學不倦，晚年仍然想要突破佛教教理認識的梁啟超；以及前面提到，在早期國民黨發展上佔有特殊地位的陳銘樞；以演講、出版《東西文化及其哲學》在北大聲名大噪的梁漱溟；還有民國史學界奠定佛教史研究規模與範式的湯用彤；援佛入儒又援儒入佛，成就自己獨特哲學體系的熊十力等人。

一九二三年，歐陽竟無彰示「內學院」的研究前提：

> 今之研究範圍，應全概括諸教。範圍不寬則易衰歇，昔日「空」、「有」諸家，其前車也。但佛教範圍雖大，內容仍是一貫、仍有條理充實。今之研究，亦將由分而合，以期一整體之佛教。

寥寥數語，內藏極大野心。天台、華嚴之所以後來都以「判教」為主要衍展、創發內容，實在是因為佛教有那麼多經典，留下了那麼多不同說法、不同記錄，必須找到一種批判的方式予以整理，才能夠解釋。印度佛教在漢末魏晉時進入中國，那時中國文化的基本價值觀早已確立，其中最核心的一項，就是對文字、文書、文獻的重視與信任。

佛教的一大吸引力，來自於擁有用文字寫成的龐大佛典。接觸佛教後，中國便大量翻譯佛經，後來還掀起了「求經熱」，很自然地將閱讀佛經視為最重要的成佛管道。然而佛經汗牛充棟的數量，逐漸令人望而生畏，反而成了信佛、學佛的障礙，尤其佛經內容產生那麼多支脈，甚至有著許多明顯的衝突、矛盾。

印度佛教沒有「判教」。佛滅之後的擴張流傳過程中，佛教出現了許多不同派別，每一派每一宗都是佛教，各宗各派所信奉的經書都是佛經，從來不曾經歷過一個整合的階段，也不曾存在過強烈的整合意識與需求。佛經中不同的說法是怎麼回事？出現衝突矛盾，該如何看待？這些都是佛教嗎？還是有真有假有高有低？有可能將不同教理予以整理安排嗎？印度佛教沒有認真問過和回答過這些問題。然而進入中國之後，中國人的思維模式卻繞不開、避不掉整合並建立系統的要求。

隋唐佛教不是簡單的宗教信仰，不是著眼於如何將教理說得更動人、更有吸引力，讓更多人能接受、擁抱。佛教在中國建立了高度批判性的系統思想。

天台、華嚴的「判教」，都是訴諸於佛陀的生命階段分別。在第一階段祂說了什麼道理，到第二階段換成針對什麼樣的對象而說了什麼道理。如此安排，得以將佛經中不完全能並存兼容的理論放入一個系統中，同時給予一種生命成長過程的解釋。「中國化」意味著在印度隨著時間而分散衍化的教理，被刻意地收拾了，透過批判分析去除歧異、混亂，也就是有了強大的整全意識貫串其中。

天台宗提出了極為詳密、細緻的「五時八教」架構，將各種教義統納在其中。如此「判教」在道理上很有說服力，然而卻純粹是在中國以思辨方式形成的，並沒有任何印度原始文獻資料上的依據。

歐陽竟無既強調佛教的統整性，又拒絕接受中國式的「判教」說法，還要以嚴格的考據方式，「復古」溯源印度思想，等於是要在上千年別人都看不出、找不出系統性的印度佛教教理中，發現貫徹的系統。

7

歐陽竟無確立了對治過去鬆散佛理衍義的四大嚴格原則：不可望文生義、不可裂古刻新、不可蠻強附會、不可模糊真偽，進行他的系統重建工作。其中「不可模糊真偽」尤其困難，他卻盡力認真執行，特別在「支那內學院」中成立了「樹因研究室」，擴大真偽考據的根基，借助梵文、巴利文、藏文等各種佛典，對照考索中文文獻。雖然歐陽竟無自身對於外文、異文化的一手掌握程度有限，然而這方面的講究、強調，刺激挑戰了當時其他佛學研究者必須回應，實質上抬高了佛學研究的門檻與標準；而且在「內學院」的教育系統中，培養出學子們不一樣的視野，為下一代呂澂、湯用彤、任繼愈等人的學術研究開啟了新的方向。

呂澂長期投入歐陽竟無門下，通曉日文、英文、梵文、巴利文與藏文，能夠閱讀世界佛教研究的主要典籍與論文。他原本在大學學的是經濟，一度轉入美學，和蔡元培、朱光潛並列早期譯介西方美學進入中國的先驅者，才二十一歲就擔任上海美術專科學校的教務長。後來聽了歐陽竟無講佛法大受感動，進入「金陵刻經處」的佛學研究部學習，然後就幾乎毫無中斷地追隨、進而繼承了歐陽竟無的學問事業。

「樹因研究所」的命名來源是黃樹因，他是歐陽竟無弟子中，在梵文的學習與深造上，曾得老師特別肯定、期許者。歐陽竟無一度將從深柳法師那裡得到梵文書籍都轉送給黃樹因，希望黃樹因將來也能西遊梵土，成就為當代的玄奘。為了精進梵文，黃樹因特地前往北京，師從來自俄國的鋼和泰教授，並進入北京大學擔任鋼教授的助教，也是他提醒了當時在北大講唯識學和印度哲學的梁漱溟，認識了歐陽竟無在這方面已有的成績，讓梁漱溟自嘆弗如，歐陽竟無的學問名聲藉此北傳。

據梁漱溟的回憶，他於一九一六年在《東方雜誌》上發表了〈究元決疑論〉長文，援引西洋學說來解釋印度佛教理論，吸引了北大校長蔡元培和文科學長陳獨秀的注意。他們立即要聘請當時才二十三歲的梁漱溟，到北大講授印度哲學。梁漱溟表示自己才初涉佛典，所知不足以承擔教席。蔡校長就問梁，那你知道有誰能教印度哲學？梁表示不知道，蔡就帶點耍賴地說：「我們也不知道、也找不到，沒有人教，卻又一定需要人來教，那就還是你來吧！你愛好哲學，我到北大一定會將許多同樣愛好哲學的朋友聚在一起，大家共同研究，你能不來嗎？別當是來任教，就當來共同學習好了！」

梁漱溟以此因緣到了北大，教起他自己沒把握的印度哲學，卻在時局的變化下，他的課程突然成了大熱門，課堂講義成書出版，為他帶來了眾多讀者，在大學之外的一般知識圈成就了大名。

8

梁漱溟到北大沒多久，歐戰結束，一九一九年初，梁啟超、丁文江、蔣百里、張君勱等一行人前往觀察「巴黎和會」，接著在歐洲遊走一番，回到巴黎，梁啟超動筆寫下了《歐遊心影錄》。這本書的基本論調清楚反映了經歷大戰破壞，在「和會」中仍然找不出重建新秩序方式的歐洲所彌漫的濃厚失望、悲觀氣氛。

> 我們素來認為天經地義盡善盡美的代議政治，今天竟會從牆腳上筑筑動搖起來。……那老英老法老德這些闊佬倌，也一個個像我們一般叫起窮來，靠著重利借債過日子。……那如火如荼的歐洲各國，他那很舒服過活的人民，竟會有一天要煤沒煤，要米沒米，家家戶戶開門七件

事都要皺起眉頭來。

這樣的話語出自曾經以《新民說》震撼中國的梁啟超之口，帶來了新一波的震撼。《新民說》建立在以歐美為榜樣，藉由仿效歐美，在中國創造「新民」的基本前提上；然而第一次世界大戰，不只使得原本看來光鮮富麗的歐洲表面殘破，更重要的是，動搖了歐洲人自身原本近乎傲慢的自信。所以這並不是梁啟超一人的看法，《歐遊心影錄》毋寧是同步傳遞了歐洲人在廢墟中的徬徨自省。西方文明的發展必然出了問題，而且還是極其嚴重的問題，才會出現這幾個自視為最先進的國家，以最先進的科學技術，不是用於創造幸福，而是拿來毀滅彼此。

歐洲人或許還無法立即從這個終極困惑中找出答案，相對地不在歐洲，過去受歐洲列強欺侮、羨慕歐洲列強成就的中國，很容易推得答案。是的，西方文明大有問題，於是當前迫切該做的，是揚棄西方文明勝利、先進的舊印象、舊結論，援引東方文明作對照，在東方文明中求未來的解方。

西方最獨特的，遠勝於東方的，是科學，是科學所創造的物質文明，那麼大戰的禍根顯然也就在這裡。所以梁啟超主張：物質文明破產了，對科學的重視、崇拜，終究毀損了人的內在信仰。「科學昌明以後，第一個致命傷就是宗教。……（就連）哲學家也投降到科學家的旗下了。」科學家的信念是物質的律則，在這個信念下「人類的自由意志，不得不否認了。意志既不能自由，還有什麼善惡責任？……這不是道德標準應如何變遷的問題，真是道德這件東西能否存在的問題了。現今忠想界最大的危機，就在這一點。」

在這種新時代氣氛中，梁漱溟講東西文化比較，而且特別凸顯強調了印度的宗教傾向，以及中國的倫理道德內涵，讓印度、中國的文化和西方文化平等並立，難怪大受重視、歡迎。

9

就在梁漱溟最活躍時，一九二一年，歐陽竟無在南京高師的哲學研究會上，發表了一場題為「佛法非宗教非哲學而為今所需」的演講。

這個標題的後半明確呼應了當時的思想潮流，不過更值得重視的是標題前半，清楚指出了歐陽竟無不同於流俗的立場——他要強調「佛法」的獨特地位，在他的著作中再三反覆凸顯在人類歷史上，「佛法」無可比擬、無從歸類的地位。

佛法非宗教，因為佛法是一套嚴密的思維論證，絕對不是訴諸於直覺或情緒的信仰，更沒有超越的神或權威的教主。佛法非哲學，因為哲學要推究到底，找到解釋世界的根本原因，創立一套論理；佛法卻歸結到「親證」，以自身體驗，而非抽象規則或道理為出發。

在別處，歐陽竟無也曾申言佛法非科學：宗教「有悲無智」，科學和哲學一樣「有智無悲」，佛法則「悲智雙運」。科學從經驗出發，不斷後退追求造果之因，佛法卻是「不藉先天，現成即是」，所以能得究竟。

進而歐陽竟無提出了佛法完全不同的研究法：宗教「有結論無研究」，哲學「有研究無結論」，科學「由研究推測結論」，佛法卻是「於結論後而認真研究以窮盡其道理，不是藉由研究來取得結論」。

歐陽竟無高舉佛法為人生至高的學問，因為涵蓋了指引解脫的「生死學」，解釋意識與心理運作的「人心學」，以及能夠窮其所來、究其所往的「知識學」。而他給予自己的主要任務，是從「知識學」的角度切入，示範如此廣大而精深的佛法，是如何建立起一貫、密結系統的。

而竟無賴以探究佛法的根據地，是承襲「金陵刻經處」而來的「支那內學院」，靠著他的努力，將這裡打造成很特別的「居士道場」。

明清時期，一項醒目的現象，是早年建立的禪林清規逐漸鬆弛敗壞，許多佛寺淪為派系私產，經營各種生意，僧人的地位相應下降，難以取得社會尊重。一九一二年民國成立，孫中山擔任臨時大總統的短短任期中，少數有具體效果的命令之一，是取消僧尼制度，鼓勵佛教組織改革。太虛法師特別創設「中國佛教協進會」，仿效「民族、民權、民生」的「三民主義」，提出了「教理、教制、教產」三大改革。從孫中山到太虛法師，反映的是社會上普遍對既有佛寺體制的強烈不滿，出家叢林系統已經到了非大幅改革不可的地步了。

「教理、教制、教產」三管齊下的改革要推動、要收效，談何容易。在佛寺不被信任、飽受攻擊時，幸而有護持佛教的居士發揮了起敝扶傾的作用。楊仁山就是這股潮流中最有建樹的一位，歐陽竟無更進一步升高了機構的研究、講學功能與層級。

「支那內學院」是不折不扣的學術團體，但既非一般的大學，也非平常的僧團，在學術視野與研究方法上，「內學院」受到西方現代大學的影響，然而另一方面，來到這裡的研究者一心一意專注在佛法上，不必遵循誦經禮佛的儀式拘執，卻又得以將快速變動的時代潮流阻絕於外，取得了比大學、比佛寺更純粹的研究環境。

10

民國時期，太虛法師和歐陽竟無一度形成了佛教界的兩股主要勢力。歐陽竟無先是提出對中國本土宗派的理論批判，認為來歷不明、而且只有一萬多字篇幅的《大乘起信論》在隋唐時期被特別抬舉，成為中國佛教的基調，刺激衍生出唐代的賢首、天台兩宗，又在宋朝以降，影響了禪宗、淨土各派。歐陽竟無認為，這個路線偏離了印度佛教以唯識為根本，開展出「五法」、「三自性」、「八識」、「二無我」、「二轉依」、「四涅槃」、「二諦」、「三量」、「法相」等主要觀念的真實內容，所以要「復古」回歸到印度文獻本意上，廓清呈現這些觀念的真義，以及彼此相連形成的佛法大體系。

太虛法師對歐陽竟無鄙視本土宗派的態度不以為然，而且在佛教教理分類架構上，看法也很不一樣。太虛繼承賢首、天台兩宗的「判教」做法，將佛法分為「般若」、「唯識」、「真如」三大類；「三論宗」是「般若」的主體，玄奘所傳的「慈恩宗」是「唯識」的主體，至於「真如」則包括了天台、賢首、禪宗、密宗各派。

弔詭的是，太虛法師以出家人的身分，在佛法傳揚上最大的貢獻，卻是提出了「人間佛教」的觀念，主要通過印順法師，渡海影響了台灣後來幾個主要教團，包括慈濟和佛光山等的理論與活動取向。相反地，居家而未出家的歐陽竟無，以及他的弟子呂澂、熊十力則提出了極為專業、艱深的理論思考，不是一般信眾所能了解吸收的。

「居士道場」不必經營信眾，反而可以建立專門的佛法研究機構。歐陽竟無多次說：「佛法者可以質言，亦可以滑易談也。」許多吸引一般信眾，足可以刺激虔信的說法，對他來說都是「滑易談」，所謂「質言」也就必然不可能面向一般信眾，因而在佛寺系統之外，以「居士」身分打造出一座類似近代大學的研究、教育機構，更符合他的目的，也更能在當時渴求文化出路的知識界占有一席之地。

站在「居士」的立場，歐陽竟無主張：不分出家或在家，弘法能者為上。也因此他格外重視「師」的角色，不只是認定居士可以為師，甚至凸顯居士最重要的貢獻當然是在思考、論理上為師。居士不出家，不會是修持、守戒的楷模示範，然而居士在世可以直接利眾，除了布施之外，最適當的方式就是傳法，甚至視傳法為最大的布施功德途徑。

歐陽竟無說：「慧是師之體，悲是師之道，和智悲方為師之義。」「作師即是菩薩行。」菩薩不住生死、不住涅槃，以他為自，佛家之師應該不離民眾、不離社會，以大悲之心與如鏡之智造福群生。這是一條讓佛法思考專業深化，以學術形式維持和社會的鏈結，不至於封閉脫節的道路。這種「菩薩行」真正影響的不是一般信眾，毋寧是更廣大的知識潮流，確實讓佛法佛理在民國文化思想大論爭中不被遺忘，能夠佔有一席之地。

11

歐陽竟無復古還原印度佛理系統的第一項突破，是會通「空」、「有」。印度佛教大乘一系，早有「中觀派」與「瑜珈行派」的分別，在中國，習慣將「中觀派」稱為「空宗」，「瑜珈行派」則是「有宗」，彼此對立。

歐陽竟無從一九〇八年進入楊仁山的「祇洹精舍」，就開始研究無著世親的著作，這一系學說從唐代玄奘法師傳譯以來，通稱為「法相宗」，而其核心觀念，是「萬法唯識」，所以又稱「唯識宗」。然而歐陽竟無卻從原典中挖掘出「法相」和「唯識」的根本差別。

他主張：都談「一切法」——解釋所有現象——卻有兩種形式。一種以《百法論》為代表，貫徹唯識精神，提出了非常細膩的意識運作分析。「百法」中將意識分為五大類一百種：「心」有八法；「心所有」有六位（遍行、別境、善、煩惱、隨煩惱、不定）五十一法；「色」有十一法；「心不相應行」有二十四法；「無為」有六法。這是高度分析性的，而且是將現象整理為意識運作的「心法」，所以「心法」、「心識」最重要，為一切因緣的根本。

然而以《五蘊論》為代表的，卻有另一種不同取徑。在這裡重點是「五法」與「三自性」。「五法」是相、名、分別、正智、真如，簡言之，萬物萬象（「相」）產生了命名的需求，命名也就是分別，讓人產生事物有其固定分別本性的錯覺，於是要有相應的智慧（「心智」）看穿本性為空，在破除對本性的虛幻觀念後，了解了其實一切都只是「如」，根柢上都隨因緣不斷變化，沒有什麼可以固定執持的，那就是「真如」。

「三自性」則是「遍計所執性」、「依他起性」和「圓成實性」。第一種是我們自己心中所產生的「執念」，例如黑暗中看見長條陰影認定那是一條蛇；第二種則是在燈下看明白了陰影是繩而不是蛇，知道了原本以為的蛇是「依他」的，只有在特定條件下才產生的，不過蛇的認知是「依他」，繩的認知又何嘗不是「依他」，原本黑暗中不同的條件下，繩就不存在了。追究到底，不靠「依他」條件而能存在的是「圓成實性」，這種「性」只能是「真如」，都不過是在因緣變化中產生的「如」。

如此對比下，歐陽竟無認為：前者彰顯「唯識」，在百法中獨顯心識，是集中的、聚焦的說法；後者卻是對於「法相」的探索，相各有性，所以不只是詳細談「性」——現象、物體的性質——而且是分散開來顯示萬法平等，連萬法平等的法都和其他法平等，因而稱為「法相平等平等」。

長期以來被視為同體異名的「法相」、「唯識」，在歐陽竟無的新解中被區別開來了。這不只是他研究佛法石破天驚推倒前論的大突破，更重要的是在此奠定了他往後整合「空宗」、「有宗」的基礎架構。聽起來矛盾，然而事實是，歐陽竟無藉由分別「唯識」、「法相」，劃出了一個「緣生理」與「緣起理」的架構，之後就在這個架構上安排各種佛法論證，藉由擴張這個架構，得以含納不同佛經與論著的內容。

分開了「唯識」與「法相」，歐陽竟無進一步將原本歸為「空宗」的龍樹說法，以「法相」來涵蓋。「法相」是建立在「依他起」為基礎的「緣生理」上，而龍樹提出的「中觀」就是解釋「依他起」的一種精到方式。對於《中論》被判定為「空宗」經典的關鍵字句：「眾因緣生法，我說即是空，亦為是假名，亦名中道義。」歐陽竟無的說明是：「其所以空者，但因緣法無自性為空，非並因緣亦空之。無因無緣而徒空，則幾何不同於外道矣。此因緣即『依他』，『他』是因緣，故不妨說有。故不妨說有，但須知無我而已。」

一切現象、一切事物、乃至於一切法則，都依托他緣而生，歐陽竟無主張：因此「依他」的「他」指的就是因緣。只要是因緣所生，就是「依他」、就是龍樹所說的「空」，然而在這背後畢竟有因緣，不可能連因緣都是空。龍樹所說，是在「緣起理」的層次，也就是因緣已生已動，已查知所有一切皆為「依他」，那當然是空。然而在此之前，另有「緣生理」，因緣的發動與構成，來自於意識的流轉，那就是由「唯識」所涵蓋、所解釋的，這套運作不可能是空的，因緣也不可能是空的。

換句話說，從「法相」的角度看一切是空，然而此空不能否定「唯識」之有、因緣之有，「唯識」的「有宗」和「中觀」的「空宗」在此統合起來，不再是對立、矛盾的。

12

一九二八年之後，歐陽竟無將注意力轉到《涅槃經》、《密嚴經》等文獻上，產生了更大的野心，提出了「佛法唯一宗趣是無餘涅槃」的說法，在「唯識」、「中觀」之外，又再將「涅槃」的主要理論融入進來。

「涅槃」是佛法追求的最後歸宿，這絕無疑義，但歐陽竟無要強調的，是「無餘涅槃」。這「無餘」指的是什麼？是一切無情有情最終悉入畢竟涅槃，也就是所有眾生皆得「性淨之心」，都可以成佛。關於是否眾生皆能成佛，在中國佛教傳統中形成了「佛性」的大爭議，歐陽竟無跳過這層爭議，不從人或眾生如何起心動念尋求成佛討論，而是回返「心」同樣需待緣而起的根本主張，轉而強調如何得創因緣境界，讓人在其中成佛。

也就是人人有佛性、得以成佛入涅槃的保證，不在於主觀的心的作用，而在於獲得客觀的、諸條件圓滿的「境界」，對的條件、對的境界中，眾生都得以成佛，這才是「佛性」的正解。

不只是眾人，甚至一切胎生、卵生、濕生、有情、無情，都具備畢竟空而常真的自性、本性，然而皆具而不能顯，只有在「佛境」中才能實現，所以一般狀況下是「性寂」。那如何啟動這潛在的自性，讓佛性實現而進入涅槃呢？依佛法邏輯，那當然是要等待形成對的條件，創造「境界」，然則諸法互相依持，不可能創造單獨只是讓一個生命進入涅槃的環境。因而產生了「無餘涅槃」的觀念。

「無餘涅槃」就是「涅槃」，並不是說「涅槃」的總類中還分出「有餘涅槃」和「無餘涅槃」，「無餘」就是對「涅槃」的定性描述，加上「無餘」二字，是為了點醒人們曾有對於「涅槃」的錯誤認知。

在佛理的通俗傳播上，世尊圓寂就是進入了涅槃，推擴出去，想像中修法得道的人可以自己進入涅槃，徹底解脫。然而歐陽竟無卻主張，在佛法論理的究竟中，這樣的說法、這樣的想像是錯誤的。因緣互相纏結，一切眾生、有情無情都是「依他」而存在，這「互依」的網絡中彼此有親有疏，發揮功能有強有弱。「唯識」解釋的是最直接、最強烈的作用，來自意識；「法相」則鋪陳全面的因緣關係，指出萬法也都是因緣所成，以其不同的「依他」形式，而有不同的「法相」。「唯識」是從正面描述必然存在的作用力量，凸顯「有」的一面，「中觀」相對是凸顯持續變化的情況，否定、推翻所有對於恆常固定的錯覺，傾向於「無」。而歸結到底，「空」與「有」連結在一起，刻劃出了完整、無所不在、沒有邊界、強弱交雜的「依他」因緣宇宙，是為「無餘」。

「無餘」也就是所有現象、所有事物都彼此關聯，不會有任何獨立性，那麼在這全面圖像中，怎麼可能有人或任何生命，可以獨自獨立地進入涅槃獲得寂滅解脫？想像佛進入涅槃，不受其他現象、其他事物干擾影響，那不也就表示佛教根本的「依他」因緣論理被推翻了？在那裡有無因無果的另一個宇宙，佛法的所有道理都不再適用，佛所說的真是這樣的道理嗎？

歐陽竟無明確主張：不是。「涅槃」仍然在這因緣架構裡，這就是他進一步整合佛法系統的關鍵。涅槃是佛境，佛境是所有因緣不再依世間法運作，也就是調整到在這裡面的所有眾生不靠自力，而靠「境界」，讓他們都身處涅槃。只有在那全面「境界」，也就是所有因緣相依都完成了調整，才有涅槃，那當然是「無餘涅槃」。

「無餘涅槃」的觀念，同時涵蓋了「菩薩行」。傳統理解中，菩薩是能入涅槃卻選擇不入涅槃，以其智慧來協助眾生得離苦所。歐陽竟無的修正則是：菩薩行是通向「無餘涅槃」的必然過程，不可能是離開因緣之外的自主選擇。到達菩薩境界者，脫染得淨，有大智慧能看透各種自我自性的幻假，更明瞭讓人得離痛苦的法門，但他不可能自己進入涅槃，因為並不在那「無餘涅槃」的境界裡啊！

到處都還是染因，怎麼可能斷開因果連環不影響到菩薩，菩薩又如何獨自入涅槃呢？他能做的，也必然做的，是創造境界，讓眾生在境界中，同時進入涅槃。所以沒有個別的「有餘涅槃」，只有全面、唯一，有即全有的「無餘涅槃」。

13

歐陽竟無晚年遭逢對日抗戰，南京淪陷後，費盡千辛萬苦將「內學院」搬遷到後方的四川江津。這經驗當然衝擊了他的印度佛教本位立場，讓他從民族主義的立場上，正面看待中國傳統思想。

這段時間中，他開展了關於會通儒佛的思考，以前一階段的理論核心，「我皆令入無餘涅槃而滅度之」為佛法的根本精神，來統攝《大學》中所說的「古之欲明明德者」。菩薩行以他為自，自利利他，使一切人、乃至一切生物都入無餘涅槃而滅度之，這和「古之欲明明德者」的動機、理想是一致的。

他說：「明明德者，非明明德於一己也，而明明德於天下也。是故格物者，為天下而格物也；致知者，為天下而致知也。誠意者，為天下而誠意也。正心修身者，為天下而正心修身也。是故焉古之欲明明德於天下者，鞭辟近理著己。崖岸高，門戶隘，異同之禍烈。宋明以來，儒者之學，非孔子之事，潔身之概量，非萬物一體之氣象。」

他試圖要從原始儒家的理論，尤其聚焦在《中庸》與《大學》上，提出儒佛「體用一致」的新看法。不過與此同時，歐陽竟無還忙於在佛學內部統合「漸教」、「頓教」的爭議，以及將佛教傳統中留下來文字，重整出層級意義來，雖有以佛納儒的思考大企圖，卻沒有足夠的精神力氣實現了。

一九四三年二月，歐陽竟無因病逝世，留下了對於佛學融通、反對分宗分派的精采考索論理成就，以及眾多受其啟發、影響的弟子後輩，將民國的佛學思潮持續多元開展，可謂功不唐捐。

第一輯

佛法真義與研究

提要

在佛法研究上，歐陽竟無有一個獨特的觀念，稱為「結論後之研究」，刻意凸顯和一般研究的根本差異。平常我們說到研究，很自然認為研究的出發點是現象或問題，透過蒐集比對相關資料、分析或推論，最終得到結論或釋疑。佛法研究的起點，卻是已經由佛陀明確獲得，記錄在種種說法示現中的結論。佛法的結論無可動搖，如果不接受這結論，那就變成另外別種研究了。佛法研究的目的，也絕對不會是修改、違論推翻既有的結論。

那為什麼還要研究？那不是違背了研究的根本精神與方法了嗎？正是在這點上，歐陽竟無展現了他的深思與雄辯。佛法需要研究，這是使得佛教不同於一般宗教的關鍵；而佛法的研究不開放結論，又構成了佛教不同於哲學的重點。

佛法的研究，源自於佛教龐大的經書內容，以及盤根錯節複雜纏捲的眾多理論。佛法的道理保存在這裡面，要藉由研究才能解開眾結，充分開展佛教的層層意義，給予人智慧與體會。佛教的智慧洞識接近哲學，而佛教提供的具體、直接、非抽象性的體會，則接近宗教。

換另一種方式理解，佛法研究也就是從「外」而「內」的途徑，由「俗」轉「真」的過程。歐陽竟無將自己開設的機構稱為「內學院」，在文章中他清楚指引了「內」的三項特性：第一，要從對變動的認識、理解，朝向對無窮不變的根本性質趨近，由「流轉法」出發，終究到達「還滅法」。

第二，由思考、意想、推斷朝向自身的體會，直覺地領悟真理結論。「苦」是真正感受之「苦」，「無常」是自己體會的「無常」，而不是從道理上所說、掛在嘴巴上的。將自己的生命確實交給佛法結論，無所揀擇，才能由「外」而「內」。

第三，對佛法的思考與體會，都必須徹底。在道理上必須求得能解釋一切空間一切時間的道理；在體會上，必須擴張到不能再擴張的全幅經驗範圍。如此前者能生「大智」，後者能生「大悲」，推至究竟的「大智」、「大悲」是「內」，停留在某個人為界劃領域的，則為「外」。

歐陽竟無的研究還特別重視當代性，針對中國現實混亂由佛法來對應處理。簡言之，中國傳統基礎破滅，社會上充滿迷信與虛無的弔詭並存流行，還有外來的哲學提出種種使人心迷妄武斷的說法，如此發展下去，必定造成更大的破壞。要力挽狂瀾，只能靠非宗教又非哲學的佛教佛法。

而佛法的研究，也要考量過去所累積的問題。對歐陽竟無來說，過去的研究缺乏演進變化的認識，新的認識非得相反從「復古」入手，重建佛滅度後，從小乘到龍樹到無著再到唐人薈萃的歷史程序。現代佛學，對他來說，是「……（唐）後絕響及千餘載，今繼唐人，須大家擔當。」

佛法非宗教非哲學

今日承貴會邀請，來此與諸位講演佛法。此是鄙人最願意事，但是鄙人沒有學問，今日只將我對於佛法一點意思說出，與大家共同研究而已。

今日講演題目是「佛法非宗教非哲學，而為今時所必需」，內中意義向後再說，先將佛法名詞解釋一過。

何謂佛？何謂法？何謂佛法？按：佛家有所謂三寶者，一、佛寶，二、法寶，三、僧寶。佛寶指人，法寶指事，僧者眾多弟子義。寶者，有用、有益之義，言此三者能利益有情，故稱為寶。已得無上正等菩提的人，是稱為佛。法，則範圍最廣，凡一切真假事理，有為、無為，都包括在內。但包含既如此其廣，豈不有散亂無章之弊耶？不然，此法是指瑜伽所得的。瑜伽者，相應義，以其於事、於理，如如相應，不增不減，恰到好處，故稱為法。此法為正覺者之所證，此法為求覺者之所依，所以稱為佛法。

宗教、哲學二字原係西洋名詞，譯過中國來，勉強比附在佛法上面。但彼二者，意義既各殊，範圍又極隘，如何能包含得此最廣大的佛法？正名定辭，所以宗教、哲學二名都用不著，佛法就是佛法，佛法就稱佛法。

次言義。云何說佛法非宗教耶？答：世界所有宗教，其內容必具四個條件，而佛法都與之相反，故說佛法非宗教。何者為四？第一，凡宗教皆崇仰一神或多數神及其開創彼教之教主，此之神與教主號為神聖不可侵犯，而有無上威權，能主宰賞罰一切人物，人但當依賴他，而佛法則否。昔者佛入涅槃時，以四依教弟子。所謂四依者，一者「依法不依人」，二者「依義不依語」，三者「依了義經，不依不了義經」，四者「依智不依識」。所謂「依法不依人」者，即是但當依持正法，苟於法不合，則雖是佛亦在所不從。禪宗祖師於「天上地下，唯我獨尊」語，而云：「我若見時，一棒打死與狗子喫。」心、佛、眾生三無差別，即心即佛，非心非佛。前之諸佛，但為吾之導師、善友，絕無所謂權威賞罰之可言。是故宗教則不免屈抑人之個性，增長人之惰性，而在佛法中絕無有此。至於神、我、梵天，種種謬談，則更早已破斥之，為人所共悉，此即不贅。

第二，凡一種宗教必有其所守之聖經，此之聖經，但當信從，不許討論，一以自固其教義，一以把持人之信心，而在佛法則又異此。曾言「依義不依語」，「依了義經，不依不了義經」，即是其證。今且先解此二句名詞。實有其事曰義，但有言說曰語，無義之語是為虛語，故不依之。「了」有二解，一、明瞭為了，二、了盡為了。不了義經者，權語、略語；了義經者，實語、盡語。不必凡是佛說皆可執為究竟語，是故盲從者非是，善簡擇而從其勝者，佛所讚歎也，其容人思想之自由如此。但於此有人問曰：「佛法既不同於宗教，云何復有聖言量？」答：所謂聖言量者，非如綸音詔旨更不容人討論，蓋是已經證論，眾所公認、共許之語耳。譬如幾何中之定義公理，直角必為九十度，過之為鈍角，不及為銳角，兩邊等、兩角必等之類，事具如是，更又何必討論耶？此而不信，則數理沒從證明。又聖言量者，即因明中之因喻，因明定法，是用其先已成立共許之因喻，比而成其未成將立之宗。此而不信，則因明之學亦無從講起。要之因明者，固純以科學證實之方法，以立理破邪，其精實遠非今之論理學所及，固不必懼其迷信也。

三者，凡一宗教家必有其必守之信條與必守之戒約，信條戒約即其立教之根本，此而若犯，其教乃不成，其在佛法則又異此。佛法者，有其究竟唯一之目的，而他皆此之方便。所謂究竟目的者，大菩提是。何謂菩提？度諸眾生，共登正覺是也。正覺者，智慧也。智慧者，人人固有，但由二障，隱而不顯：一、煩惱障，二、所知障此二障者不寂淨，皆是擾攘昏蒙之相，故欲求智慧者先必定其心，猶水澄清乃能照物耳。而欲水之定，必先止其鼓蕩此水者，故欲心之定，必先有於戒；戒者，禁其外擾、防其內奸，以期此心之不亂耳。然則定以慧為目的，戒以定為目的；定者慧之方便，戒又方便之方便耳。是故持戒者，菩提心為根本，而大乘菩薩利物濟生，則雖十重律儀，權行不犯，退菩提心則犯；此其規模廣闊，心量宏遠，固不同拘拘於繩墨尺寸之中，以自苦為極者也。夫大乘固然，即在小乘，而亦有不出家、不薙髮、不披袈裟而成阿羅漢者（見《俱舍論》）。佛法之根本有在，方便門多，率可知矣。

四者，凡宗教家類必有其宗教式之信仰。宗教式之信仰為何？純粹感情的服從，而不容一毫理性之批評者是也；佛法異此無上聖智要由自證得來，是故依自力而不純仗他力，依人說話，三世佛冤，盲從迷信，是乃不可度者。《瑜伽師地論》四力發心，自力、因力難退，他力、方便力易退，是也。然或謂曰：「汝言佛法既不重信仰，何乃修持次第資糧位中首列十信，五十一心所、十一善中亦首列信數？」答之曰：信有二種，一者愚人之盲從，一者智人之樂欲；前者是所鄙棄，後者是所尊崇。信有無上菩提，信有已得菩提之人，信自己與他人皆能得此菩提，此信圓滿，金剛不動，由斯因緣始入十信；此而不信，永劫沉淪。又諸善心所，信為其首者，由信起欲，由欲精進，故能被甲加行，永無退轉，是乃丈夫勇往奮進之精神，吾人登峯造極之初基，與夫委己以依人者異也。

如上所言，一者崇卑而不平，一者平等無二致；一者思想極其錮陋，一者理性極其自由；一者拘苦而昧原，一者宏闊而證真；一者屈懦以從人，一者勇往以從己；二者之辨，皎若白黑，而烏可以區區之宗教與佛法相提並論哉？

所謂佛法非哲學者，按：哲學之內容大約有三，而佛法一一與之相反，故佛法非哲學。何者為三？

第一，哲學家唯一之要求在求真理。所謂真理者，執定必有一個什麼東西為一切事物之究竟本質，及一切事物之所從來者是也。原來哲學家心思比尋常聰明，要求比尋常刻切。尋常的人，見了某物某事便執定以為某物某事，一例糊塗下去。譬如宗教家說有上帝，這些庸人便承認以為有上帝；

牧師教人崇拜耶穌，這些人便崇拜耶穌；一味盲從，更不思索，千百年來只是糊塗下去。自有哲學家以來，便不其然，你說有上帝，他便要問問：「上帝是個什麼東西？眼可以看得見嗎？耳可以聽得到嗎？如謂世界人類都是上帝造的，上帝又是誰造的？上帝如果不待誰個造他，世界又何必要上帝造他？」所以自從有了哲學，一切人便不肯一味糊塗了。哲學家在破除迷信一方面，本來是很對的，是可崇拜的，但是他一方面能夠破除迷信，他果真能不迷信嗎？他能破人謬執，他果能不謬執嗎？他天天求真理，他果能求得到真理嗎？翻開一部西洋哲學史，中間大名鼎鼎的哲學家，如像破除有人格的上帝過後，便迷信一個無人格的上帝；破除獨神論過後，便迷執一種汎神論；不信唯物的便主張唯心，不信住心的便主張唯事。笛卡兒善於懷疑，於是便破壞世界一切事實，都以為非真理，但隨即迷信一個我，以為：「我既能懷疑一切非真，我便是真。」到了現在的羅素，便說：「他那個我能懷疑，我固是真，還靠不住。」羅素既能破一切唯物、唯心非真理，然而隨又執定一切現象是真，仔細想來，他那種現象是真，與笛卡兒的我是真，有何分別呢？總而言之，西方一切哲學家對於世間一切事物，你猜過來，我猜過去，紛紜擾攘，相非相謗，皆是執定實有一理，甲以為理在此，乙以為理在彼，別人誠都可破，自己卻不能有個不可破的學說服人，破一立一，不過增加人許多不正確的見解而已。

問者曰：「如你說，世間既無真理，到底還有什麼？如謂一切都無，則彼虛無主義，無世界，無人類，豈非是唯一獨尊的學說嗎？」答曰：虛無主義剋實亦只是一種妄見，如說：「真理者一樣，但名辭不同耳。」並且當知，此種見解為害更大，彼輩計一切都無，趨向斷滅，主張破壞與自殺，使人橫生邪見，思慮顛倒，行為悖亂，危於世界，蓋難盡言。諸君又當知，此種異說非但在現在的時候方用，從前印度亦復如是，所謂斷滅外道，所謂惡取空者皆是也。今復質問彼曰：「如謂一切皆假，此假又何所從來？如謂一切都無，云何復有斷滅？且既一切無矣，何以你又起如是見，立如是論？又何以要懷疑？又何以要破壞？」此種自語相違，自行矛盾，是為誕妄之極，但其立說膚淺，也可不必多辯了。

問者曰：「你謂哲學家的真理無有，又說真理不可求，而又不許人計空計滅，然則你們到底說什麼？作什麼呢？」答曰：佛法但是破執，一無所執便是佛也，故佛之說法，不說真理而說真如。真如者，如其法之量，不增不減，不作擬論揣摩之謂。法如是，說亦如是，體則如其體，用則如其用，絕不以一真理範圍一切事物，亦不以眾多事物奔赴於一真理，所謂在凡不減，在聖不增，當體即是，但須證得，凡物皆然，瞬息不離者也。夫當體即是，何待外求？如彼所計之真理，本來無有，但屬虛妄，則又何可求耶？有則不必求，無則不可求，故云不求真理也。問曰：「如你所說，既云真如即吾本體，不待外求，云何又為吾人所不知？且既當體即真，物物不二矣，云何又有此虛妄耶？」答曰：茲先設一喻，諸君夜靜三更時，寢於床榻，忽生一夢，倏見山河、草木、宮室、樓臺，更有人物，或親或怨，汝時感情激發喜怒愛惡，或泣、或歌、或欣、或懼，及至醒時，了無一物。當汝夢中山河人物時，汝能知其假否？當汝夢中喜怒悲懼時，汝能知汝妄否？然雖假、雖妄，而實不離心，如離汝心，汝又安能有夢？然又不可謂汝夢即是真實，如謂汝夢即真，醒時何以又知其顛倒不實？諸法真如，亦復如是。未至真覺，終在夢中，既在夢中，虛妄顛倒，昏蔽纏心，云何得識真如本性？然雖不識真如本性，而此世間種種，山河、大地、人禽、動植，一切喜怒哀懼，一切心行語言，要皆不離真如本性。此雖不離真如本性，而又非即真實，及成佛果，大覺菩提，始知當時顛倒，有如昨夢。然雖大覺，契證真如，此覺此如，亦非從外而得，非從無忽有，仍亦即汝當日自體。是故既不可以不識而撥無，又不可以執假以為實也。真如自性，如是如是。

問曰：「真如既如所言，吾人又如何證得耶？」答曰：此間有一句格言，聞者應深信受，即所謂「不用求真，但須息妄」是也。夫本體既恆不失，自可不必徒勞，獨妄為真障，是以當前不識，彼障既除，真體自現。譬之人處夢中，亦能思慮察覺，然任汝若何推尋，終始總是夢中伎倆，任汝推尋有獲，所得仍惟是夢；及一旦醒時，而昔之虛妄，不求知自有知，今之真實，不求覺而自覺。故吾人真欲了知真實，惟當息此虛妄，跳出此虛妄之範圍耳。

雖然，所謂息妄者，非一朝一夕所能成功，吾人歷劫以來，種種顛倒煩惱種子柢固根深，豈能一期拔盡？園師藝園尚須時節，農人播穀且歷春秋，況欲跳此生死範圍，證得菩提碩果，而可不歷劫修持？但求速效，烏以濟也；故必境、行、果三明瞭無蔽，由聞而思，由思而修，三大僧祇始登究竟。若不明此，徒以少數功德，片刻時光，見彼無成，退然思返，且謂無效，墮人信心，此乃愚癡謬妄，可悲可痛者也！

復次，所謂息妄，亦非如伐木拔草，斬斫芟夷，應知依他起性，有相是空，空自不必除，有則不可除，但權衡審度，應識其機，用捨黜陟，唯辨其性，善者既伸，惡自無由，如秤兩頭，低昂時等。此中妙用，未可悉言，真發心人應自探討。

然又當知，夫妄亦何過？妄本無過，過生於執，譬如吾人開目則妄見山河人物、珠玉珍奇，此乃自識相分，妄而非實，不離自體。然眼識變現，任運起滅，都無執著，不生好惡，則雖此幻妄，抑又何害？唯彼俱時意識，尋思執著，認為實有，而曰：「此實山河也，此實人物，此實珠玉珍奇也。」又從而推究之曰：「此實有山河種種者，必有其從來之真理也。」持之而有故，言之而成理，執之而益深，遂為天下之害根。所謂「生於其心，害於其政，發於其政，害於其事」者是也。蓋由執生愛，由愛生取，與愛相違，復生於瞋；由此好惡逞情，爭訟斯起，相殺相婬，相盜相欺，惡業輪迴終古不已。夫果何過？過生於執耳。苟能不執，物物聽他本來，起滅任其幻化都無好惡，取捨不生，身、語、意業悉歸烏有，云何異熟招感而起生死輪迴？迷苦永消，登彼大覺。是故執破為佛，破執為法，非別有佛，非別有法。

二者哲學之所探討即知識問題。所謂知識之起源、知識之效力、知識本質，認識論中種種主張，皆不出計度分別。佛法不然：前四依中說依智不依識，所謂識者，即吾人虛妄分別是也。所謂智者，智有二種，一者根本智，二者後得智。根本智者，親緣真如，和合一味，平等平等，都無分別是也。後得智者，證真如已，復變依他，與識相應而緣俗諦以度群生是也。此後得智既緣一切，是故真妄、虛實、五法、三自性、八識、二無我、世間、出世間，盡無不知，盡無不了，由斯建立法相學，由斯建立唯識學，由斯建立一切方便學。彼所謂認識論者，從彼之意俱可了達。如是設問知識之來源何如乎？則可答曰：有阿賴耶識含藏一切名言種子（具受薰持種之性而非是種，但是持種）無始傳來，種（種子）現（現行）薰習，八七六五展轉變現，能了能別，所謂知識由斯而起。彼不達此阿賴耶者，或謂知識出於先天，而先天為是什麼？不了其體，何以示人？又或謂出於經驗者，經驗何以存而不失？又復何以無端發此經驗？此疑不解，何以取信。其為批評論者，則又不過調停兩是，捨百步之走而取五十步之走而已。然彼二既是徒虛，更何長短可說。今既了達賴耶，一者：識有自種，為生識因緣，故不同於經驗論但執法塵。二者：諸識現行，復薰成種，復由此種，能生後識，故不同於先天論但執一常。種生於現，現生於種，八識因依，執持含藏，理實事真，不復同彼調停兩可論但有言說。吾敢斷言之曰：「若必談知識之本源，唯有佛法為能知也。」

所謂知識之效力如何耶？在彼未達唯識者，則或以為吾人知識無所不了，是謂獨斷論；其或以吾人之知識了無足恃，一無所能者，是為懷疑論；其或以為吾人之知識實有範圍，越此範圍則在所不悉，是謂積極論。今唯識家言，俱異於彼。一者，眾生之識各局其量，詳彼哲學家知識之範圍體性，不出唯識家所謂之率爾尋求決定之六識也。六識局於法塵，八識七識之緣得著者，六識尚緣不著，況乎與淨識相應之四智之緣得著者，而謂六識能緣得著耶？恆河沙數世界外一滴之雨，咸知頭數，而謂六識能知耶？故不同於獨斷論。二者，凡屬有情皆具八識五十一心所，此心、心所由見、相、自證、證自證，四分成就。見緣相分，自證緣見，內二互緣，皆親所緣，皆現量得。雖或見分緣相有比有非，而自證緣彼亦屬現量；自證為見果，證自證為自證果，自證復為證自證果而皆現量（柏格森直覺非現量，但是率爾尋求之獨頭意識），是故無無窮過。是以無染無淨，無比無非，一入自證，悉成真實。七識執我雖為非量，然若疏緣我影，任緣第八而不執八為我，以我為八，亦復無過（六識遍計同行）。過生於執，非生於緣，是故一切真實、一切決定以是理故不同於懷疑論。彼積極論者，但為調停兩可，而此於彼一切俱非，是故不同於彼積極論。

所謂識之本質為何耶？彼未了達唯識者，或謂知識本質唯吾觀念，或謂知識本質存於實在之物體，或謂非心非物但現象耳；了達唯識義者，始知凡識四分合成。一者見，謂能識，二者相，謂所識；三者自證，此見、相二分皆依自證而起，此自證分是稱自體，此體若無，便無相見亦無量果；四者證自證，此證自證分復為自證分之量果，而復以彼以為量果俱如前說。如謂無相則無所緣，既無所緣即不成識，非於龜毛而生識故，是故不同於觀念論；如謂無見則無能緣，亦不成識，非彼虛空亦能了故，是故不同於實在論；如無自證即無相見，相見俱無即不成識，非無蝸頭起二角故，假依實有，現象依自體有，是故不同於彼現象論。從上說來，所謂知識問題，在彼則謬妄重重，乖舛莫定，在此則如實正智，金剛不搖。如何佛法同彼哲學？今之哲學，非特不知知識之來源效力本質而已，即曰彼知，亦只是知散亂意識之一部分耳！識量之廣大，彼俱不知也。

問：「人有此知識，止知有此知識可耳，更求識量之廣大有何必要耶？」答：即此知識不能孤起，相繫相成不能獨立，故有求識量廣大之必要。知識之本體名自性，自性之起必有所依，此依名根，自性依根而起矣！起必有所及，此及名塵。一識之起必有其伴，此伴名心所。自性、所依、所及、所伴四者合而識起之事得矣！然此識起亦非徒然而起，起必有所為，此所為名作業。必有此五事而後知識之事始畢，此事雖畢，經數十年後復能記憶之，則必有攝藏此事者為之攝藏，此攝藏名八識。知識自性名六識，與知識同起之眼、耳、鼻、舌、身識名五識。五識有依根，六識亦有依根，名七識。此其識量之廣如是，而俱與知識有密切關係，知識不能離是而獨立也。是故獨隘一知識，而求知識之來源、效力、本質絕不能得其真相也。是故哲學者，無結果之學也！（上來說理稍近專門，如欲求精詳，當研唯識。）

三者，哲學家之所探討為對於宇宙之說明。在昔則有唯心、唯物、一元、二元論，後復有原子、電子論，在今科學進步，相對論出，始知宇宙非實物，不但昔者玄學唯心論、一元論無存在之理由，即物質實在論亦復難以成立。今之科學之所要求者唯方程式耳，世界之所實有者惟一項一項的事情，非一件一件的物質也！羅素之徒承風起，由是分析物、分析心，物析而心，心析而物，但有現象不見本體。夫既無本體，現象復何由而生？且既執現象實有，亦是離識有境，此種論說，以較西方舊日，誠見高明。以彼西方學說，舊無根柢，而科學勃興於二三百年間，能有此成功，亦良足欽佩。然佛法之言猶異夫此，茲以唯識之義略微解釋於後。唯識家但說唯識不言宇宙，心即識也，色亦識也。譬如於眼能見於色，是為眼識，非色非離眼識，實有以離識不起故，相分不離自證，亦猶見分不離自證，是故色非實有，但有眼識。聲香味觸法亦復如是，一切色法但為識之相分。山河大地亦有本質，而此本質即為八識相分。故曰三界唯心，萬法唯識，故宇宙離識非是實有。

復次，又當知此識亦即是妄，都無自性，何者，仗因託緣方得起故。譬如眼識生時，非自然生待因緣合，其數為九：一者根，二者境，三者作意，四者空，五者明，六者分別依六識，七者染淨依七識，八者根本依八識，九者識自種子。如是耳識生時，因緣必八，鼻舌身識因緣需七，六識需五，七識需五，八識需四，既有所仗託和合而起，故非實有但如幻耳。既無主宰亦非自然，是為依他起性。

復次，又應當知此因緣有亦不常。何者？以其頓生頓滅剎那不停故。蓋識之生，眾緣既合，種起現行，現行起時，復薰成種，才生即滅，現謝滅已，種復生現，現又薰種，種又生現，如是剎那剎那相續前後，於現生時山河大地歷歷在目，生已即滅，又復寂然。是故吾人一日半日中，已不知歷盡許多新天地矣！或曰：「既云頓生頓滅，何以吾人目視山河，但見其生，未見其滅，但見其有，不見其無？」曰：此無可疑，譬如電影，以彼電力迅速，遂乃見彼影像確然，前後始終宛若為一，而不知彼數分鐘之間，頓滅頓生，舊去新來，已易百千底片矣！宇宙幻妄，頓滅頓生，亦復如是。

復次，此雖幻有而即是識，識雖起滅無恆，而種子功能永無消滅，但有隱顯之殊，絕無生滅之事，既無有始亦無有終，是故不同彼現象論者，謂無心有事從無忽有；又不同彼斷滅論者，有已忽滅，雖則頓起頓滅，而實不生不滅。

復次，當知一人八識各有相見，是故山河大地有情各變，而非多情共一山河大地，以俗語表之，即人各一宇宙是也。雖同居共處，而亙始亙終彼此不能相離，彼不能越出彼之宇宙而攙雜此之宇宙，此亦不能越出此之宇宙攙雜彼之宇宙，是故對語一室而天地各殊，共寢一榻而枕衾各異，此中妙理更復難言。或曰：「既云彼此之天地各殊，何以復能共處一室而不相礙，又有情所變既異，云何復能共證一物耶？」答：此亦設一喻，譬如燈光，於一室中燃彼多燈，一一燈光都非相礙，一一燈光都能照室。有情變相亦復如是，業力既同，處所無異，所變相似，不相障礙，如眾燈明各遍似一，光光相網胡為礙？業力既同，處所既一，故所緣雖別，亦互證而知，雖互證知而實各證所知，非共證一知也。何者？以業力異者，雖同一處所證別故。如無病人與有病者共嘗一味，甘苦各別，由此故知境非實有，唯有心耳。

復次，既知心外無境，大地山河與吾為一，由此當悟吾人之身非復局於七尺之軀，吾人之心量廣闊如同法界，遍於虛空，自從虛妄分別遍計固執，遂乃把握七尺臭皮以為自我，自此之外別為他物。愛憎劫奪橫起狂興，歷劫沉淪永無超拔，棄捨瀛渤認取浮漚，是故佛告文殊：「善男子！一切眾生從無始來，種種顛倒猶如迷人四方易處，妄認四大為自身相，六塵緣影為自心相，譬彼病目見空中華及第二月。善男子！空實無華病者妄執，吾等眾生無始來長處夢中，沉痾莫治，今當發無上菩提之心，息此一切虛妄，復吾本性，識取自身，是為丈夫唯一大事。」

總而言之，彼諸哲學家所見所知於地不過此世界，於時不過數十年間，不求多聞，故隘其量，故扃其慧。若夫佛法則異乎此，彼諸佛菩薩自發起無上菩提心、廣大心、無邊心以來，其時則以一阿僧祇劫明決此事，二劫見之，三劫修滿而證之，然後隨身現化普度有情，以彼真知覺諸後起，其說為三世諸佛所共證而莫或異；其地則自一世界至無量無邊世界而不可離，捨此不信，徒自暴絕，以螢火之光當日月之明，高下之辨不待言矣！

問者曰：「如汝所云，類為常情所難了，亦為世理所未經，汝斥宗教為迷信，汝言得亦非迷信耶？」曰：佛法之與宗教其異既如上言，此即不辨，至佛法亦有難信難解者，雖然，稍安無躁，世間難信難解之事理亦眾也，然勿謂其難信而遽斥其迷焉。譬如物質實在，此亦常人之恆情也，然在羅素等則謂無有物質只有事情，吾人遽可以常理而斥彼迷信乎？又如萬有引力之定律，二百年來人所不敢否認者也，自愛因斯坦相對論出，而彼萬有引力之定律乃失其尊嚴，吾人遽可以舊日之見而斥愛因斯坦之迷信耶？抑又如任何三角形，三角之和必等於二直角，此亦自希臘以來人所公認之定理也，然近日新幾何出，復云三角之和有大於二直角者，亦有小於二直角者，吾人又安可以常情而斥其為迷信耶？以一指翻動太平洋全體，人必曰此妄人也，此妄語也。然事有誠然，如將入此一指於太平洋中，其近指之水必排動其鄰近之容積而後能納之，此鄰近又必排其鄰近，則雖謂太平洋全體翻動亦可也。牽一髮而全身動，故必知三阿僧祇劫然後知此一剎那也，故必知無量無邊世界而後知此一世界也。是故人智原有高下之不齊，而斷不可用常情以度高明之所知，彼科學家、哲學家與吾人同處夢中者耳，智慮不齊，尚不可以常情測，佛與眾生一覺一夢，則又烏可以夢中人之知解而妄測大覺者之真證耶？如真欲斥佛法之迷妄者亦非不可，但必先讀其書，先達其旨，而後始可從事。苟於彼之書，尚未曾讀或尚未能讀，而動以逸出常情相非難，且將見笑於科學家矣！於佛法奚損毫髮耶？（以上佛法與宗教哲學之異既盡。）

王恩洋筆記

恩洋按：上來所談妙味重重，俱達問題深處，洋六月自北大來謁吾師，朝夕侍側，渥聞勝義，玄音一演，蒙妄頓消。始知昔日所治哲學，種種迷執，有同說夢，安身立命別有在也，晨鐘木鐸吏焉求之，由是踴躍愛莫忍去，今以記錄之便，備以平日所聞具列如上，以餉好學。嗟乎同志，盍其歸哉！

（《支那內學院雜刊》第一輯，《佛學旬刊》一九二二年九月）

以俗說真佛之佛法談

將談斯旨，須先聲明者二事。一、凡學各有其學之相貌，如一般人有一般人之面貌，瘦者、肥者、白者、黑者，不一而足，今欲認識其人，則止認明其人之為白、為黑、為肥、為瘦而已，萬不可執責其人，爾奈何肥白，或奈何瘦黑。研學亦然，是故聽演講人，但須持客觀態度，不必輕肆擊抨。二、凡學各有其獨到之精神，既曰獨到，則不能以不獨到之語言名詞傳達而得其真相。故至無以迻譯時，講演人勢不能不略用幾許術語，免汩其真。是亦不可執責，爾奈何不作通俗之談，使一般人易曉耶！凡此二點，惟共諒之。

說此題之因緣

民國十二年，余曾在貴校講演佛法非宗教哲學之問題，頗引起許多時賢討論。其對此問題，有謂佛法是宗教但較高者，有謂佛法是哲學之一種者，有謂佛法是宗教、哲學兩兼有者。於是有佛法之宇宙觀，有佛法之人生觀，有佛法哲學紛紜著作，甚可研索。然仔細按覆，都覺得只是以觀世法的眼光來觀佛法，非是以觀佛法的眼光來觀佛法也；又是以世法的範圍來範圍佛法，以世法的邏輯來邏輯佛法也。此於世法雖甚的當，而於佛法則都失其廬山真面目，真面目且隔萬萬重，而即肆其批評判斷，故無論其是與不是，好與不好，而所說的都不是說此佛法一回事斷斷然也。是則皆為門外漢議論，無關得失而已。夫事有常，而必有非常者，於是有常之受範圍邏輯，而必有非常之不受範圍不能邏輯者，蓋世間所立之範圍、所建之邏輯，不能賅攝所有至理之盡絕故也。佛法在不受世法範圍、世法所不能邏輯之列，今之人每欲置諸世法範圍邏輯之列者，此所以今日談此題也。

此題之要旨

此題有二要旨。一，佛是證得獨境，佛法乃揭破獨境以餉眾生者。何謂獨境？此非指另外一境眾人皆無，惟佛為有以為獨也，此是指佛與眾生同有之境，眾人迷目不見，佛明眼見之，歷歷明瞭之所謂獨也。蓋此惟佛歷歷明瞭之獨境，非天上地下一切世境所能比擬；眾生所視天上地下之境，如帶色之鏡，所視隨色而變，如負病之目，所見隨病而變也。真有此歷歷明瞭之獨境而眾不睹，則其鏡其病為之障耳！惟淨目所視斯為真實，此所謂佛證得之獨境也。既云獨境，則凡可得而談之境，皆非其境也，其不可得而談者，乃其境也。蓋佛是欲談其所不可得而談之境，以餉眾生者也。

二，學佛是學作佛，目的在成佛，故所事重重在行在證，不特解了斯理而止。專心致志，伺駒伏鼠，惟在作佛，而豈有所利用於其間哉？亦豈為任何問題，只待以解決而已哉？真學作佛者，耳之所聆，目之所熒，心之所營，惟在所以作佛之真諦。刹那刹那，毫末毫末，唯真諦是求，遺貌取神，如九方皋相馬，嘗得諸牝牡驪黃之外，絕不以凡人所認一切之相以為其相。蓋執凡相皆假，學重破相而趣其真。由聞而思，由思而修，要皆借以作佛為究竟之筌蹄而已。初非為聞、為思、為修也。方便立言之相，若稍執著，便成大過。譬如以石擊狗，復以擊獅，其所以擊引狗獅者是人不是石，狗則但知咬石而不知咬人，獅則咬人而不咬石矣！

云何俗？云何真？云何不實說俗而必須說真？云何以俗說真？

云何俗？俗如世人所說之宇宙萬有，人生感覺者皆是此宇宙萬有人生感覺，有謂是物物湊合而主張唯物者，有謂是心心聚集而主張唯心者，有謂是一元，有謂是二元者，有謂是一椿一椿方程式者。主張唯物者，謂心有所不到之處，主張唯心者，謂物無自動之機，聚訟紛紜，迄無結論。然自佛眼觀之，皆如盲者摸象，或得其尾，謂象如帚；或得其耳，謂象如箕，都非全象，即非真見也。

佛法之認夫所謂宇宙萬有人生感覺者，乃一種能力所變現之相。但此能力，是絕對不可比方之能力，一，不麻木；二，有分別；三，能自動；四，無罣礙；五，無限量之能力也。原子分子合成之物，如几案瓦礫等類，雖能成器而麻木不仁，種種接觸而無感覺，宇宙萬有、人生感覺決非麻木不仁之所能成也。磁石引針，藥物隱形，雖有感覺而無分別，氣味冥合，非了了分明，宇宙萬有、人生感覺決非冥無分辨之所能成也。攝影機器歷歷分明，雖能辨別，而不能自動花蕊傳種，其為動也，風動之也，宇宙萬有、人生感覺絕非不能自動之所能成也。勇士之力雖能自動，而不能排山移海，勢敵力均，抵抗則礙，宇宙萬有，人生感覺決非動多障礙之所能成也。日輪地輪轉運無阻，然有限量，日輪不能轉地輪，地輪不能轉日輪，宇宙萬有、人生感覺絕非有限方隅之所能成也。

夫此絕對不可比方之能力，加不見其入，減不見其出，視之不見，嗅之不覺，聽之不聞，如月光籠罩一切，平等平等，無染淨差別可言，被其照者一切皆嵌空玲瓏，如大地回春，山河草木無大無細，一切皆生意盎然，平等平等而亦毫無染淨差別。然有其種種染淨差別者，非光與春有差別也，乃光所攝之一切、春所生之草木有差別也。此絕對不可比方之能力，亦復如是，能力無差別，能力所變現之宇宙萬有、人生感覺則有差別也。夫此無別而變有差別之能力，本無可以名之，強而名之曰識，此則佛法之所謂俗也。

云何真？真有二，曰自性之真，曰修證之真。自性之真何耶？此自性之真，無論有佛有教不加毫釐，無佛無教亦不損微末，賢智無所增，畜類亦無所減，淨而善非與之謀合，染而惡亦非與之乖離；凡物大本，字之曰性，指其大本之真而言，曰自性之真也。

凡物表面觀之，粗略觀之，止見其相而已，澈裡觀之，精細觀之，猶難見其性也。如見一物，色白而圓，名曰茶碗，此不得其真也。外皮之磁白，內質之泥團非白也，規尺交點，所得似圓，其實螺線而已；此所謂碗者，其做碗之胚形已不圓也。又如有眼、有耳、有手、有足，名之曰人，此不得其真也，但血肉皮骨筋髓之集合而已。是則所謂人生觀者，但色、受、想、行、識而已，人且無有，更何論人生觀？所謂宇宙觀者，但地、水、火、風、空而已，宇宙且無有，更何論宇宙觀？凡此種種，所謂止得其相也。然所云色、受、想、行、識與夫地、水、火、風、空者，亦但是其相，亦止較粗表者為澈底、為精細，而非澈底的澈底，精細的精細之所云性也。夫此澈底澈底、精細精細之性，自非超出世界範圍以求之，終不可得也。

修證之真何耶？就相之方面言，有認相而不錯者，有錯認其相而不知者，若能知其錯認，就其錯認者而改正之，改而又改，達到不錯認而止，然後可談證彼菩提而得彼涅槃之性，證彼菩提而得彼涅槃之性者，乃所謂修證之真也。

何謂不錯不相耶？謂夫宇宙如幻，人生如化是也。夫認為宇宙為幻，人生為化，必其已得或已悟其為至真至實之獨境，而後始能以此宇宙為幻，以此人生為化也。何也？真物不容有二，已得其一真，則其一必假故也。若不實見獨境，則現前所見止是此宇宙，止是此人生，雖百千其理，萬億其說，而終不肯信從其為幻為化也。是故初學人不可盲從迷信，而亦不可不聞佛說，因遂隨順而研究之，與世比量而探索之，求其所說之無過者而信從之，行之既久，必能悟菩提涅槃之性境，而信其所謂如幻如化不錯之相境也。

云何不實說俗而必說真？此有二義，一，有無不同；二，假實不同。真之為有實不待言矣，俗則具有所謂認錯、不認錯兩種，就其所認錯者按而求之，無此物也；就其所不錯者按而求之，雖有其物而虛假不實也。夫無其物而以為有，妄也，而其物而虛而假，則亦妄也，總而言之，惟性不妄也。若相則無論其為無、為有，而皆妄也，無中生有之妄，妄也；如幻如化之妄，亦妄也。妄固不可說也，非佛所棲之境也。說俗是說妄也，是故不實說俗也，不實說俗所以必說真也。

如謂凡相非妄，則請細細而談，如下所陳，一一有解決答覆然後可。夫世人非嘗謂宇宙人生乎？今吾有大疑問，為何一定要此宇宙？古往今來，遷流不息，豈非無事生風，無理取鬧？為何一定要此地球天空？為何一定要此飛潛、動植、人物、山河？豈非紛擾無名？憑空結撰？若夫學問家種種研究宇宙如何構造、人物如何產生、宇宙是何物事、人生是何問題，尚是解決肯定必須此宇宙人物後之第二個問題。而此必須宇宙人物而解決而肯定之問題，無論誰哲學家，恐終古還不出正當答覆也，夫還不出正當答覆之物，謂非是妄而何？又研究學家所仗以衡量一切者，非因果律乎？就佛法談俗事上因果律之最大者而言，無過十二緣生、無明緣行、行緣識等。此一切等等起於無明，遮於諸果之因為無明也。然無明之因何起耶？曰起於不如理作意。不如理作意之因又何起耶？曰起於遍計所執。遍計所執之因又何起耶？推之至於無窮，而無能止之一日。如牛乳因水草，水草因雨露，誰復因誰，以至於無窮也。

是故說此因果問題犯三種過，說因無究竟者，犯無窮過；說因有究竟者，犯斷滅過、犯不平等過。無窮過如上所說是已，斷滅過及不平等過者，譬如宗教家說上帝，科學家說言物性，笛卡兒之重真我；謂上帝造萬物，問誰造上帝，則云惟上帝自爾造萬物，更無待造上帝。無待造上帝，上帝則無因，無因則斷滅，是謂犯斷滅過；萬物為上帝造，上帝不為誰造，則不平等，是為犯不平等過。物性生物理而無誰生物性，真我證真理而無誰證真我，其斷滅不平等亦復如是。所謂因無究竟者犯過，因有究竟者亦犯過也，而亦皆是被生而追究不出其生生也，安得不謂之妄耶？又一切俗相，無非以對待而有，以對待而生，此有故彼有，無能自有；此生故彼生，無能自生，如有生方有滅，有滅方有生；有明方有暗，有暗方有明；有色方有空，有空方有色。善惡、動靜、得失、一多、從違、憂樂，一切一切，無量無量，莫不皆然，無有不然。夫物無能自生，無能自有，又安得不謂之妄耶？妄固非佛境也，志在使人作佛，是故不談俗也。

云何以俗說真？此佛不得已之苦衷，亦佛善巧方便之說法也。佛一心一意欲說其獨境為眾生學受，而又不可得而說，乃萬不獲已，而設此善巧方便之法以說之，所說者俗而所指者真，此之謂以俗說真也。蓋凡言說，必依事物而發出，若無事物可依，則此言說無從發出，是故持堂堂之陣，正正之旗，萬萬不能成事也。然事有聲東而擊西，物有旁敲而正動，理有關係而連帶；說此必有其彼在，說遮必有其真在，說假必有其實在，是則說俗必有其真在。以舉一反三之法，不作正比例而作反比例，以出之使智者自悟而得之也。若彼愚者苦執現成，萬萬不能得也，則雖佛亦無如之何也。

佛四十九年未嘗說一句實話，蓋凡所說，皆據此而說彼也；佛四十九年又未嘗不說一句實話，蓋雖據此，而語語說彼，彼之為真為實故也。佛一生說法，不外四句，亦稱四嗢柁南，曰諸行無常、有漏皆苦、諸法無我、涅槃寂靜是也。前三句是俗，後一句是真，真則常樂我淨，而此常樂我淨在此世間事上說之，則為四倒。凡外道神我之常遍，自在天唯我獨尊之我，現法涅槃之樂，比比皆是也。此世間事上，委實是無常苦、無我煩惱不淨也。佛四十九年皆說無常、說苦、說無我者，但說此世間之幻化，而於彼出世間之真實，欲使人因此自悟而得之也。並非實說無常、實說苦、實說無我、實說煩惱不淨也。佛四十九年最後臨終，忽反其一生所說，而說涅槃常樂我淨者，亦非反其前說也。前說如畫龍，後說如點睛也。蓋前說無常苦、無我煩惱不淨者，即是以旁敲側擊之法，而說後此之常樂我淨也；後說之常樂我淨者，即是標出其一生所說，無常苦、無我煩惱不淨者之所為之所主旨也。然涅槃一部，亦但是作四十九年方便說法之解釋耳，亦仍是以俗說真也。

真正之涅槃，真正之常樂我淨，不可得而說也，要待自行而知自證而得也。夫自行而知涅槃，自證而得常樂我淨，與彼長夜淪迷，終不出此無常、苦、無我、煩惱不淨之世間相提比較，其為值得在此在彼，人皆有知必能自抉擇也。涅槃此云真解脫，解脫此間一切纏紛而已。若云消極若云死滅，若云黑漆一團，皆不認得其人之黑白肥瘦，而即判其媸妍者流也。

結論

真不可說，俗可說。但說俗假俗錯，則真實回自顯，有假必有真故，非實說俗故。

張煊、孫至誠仝記

（《海潮音》第十三卷第六期，一九三二年六月）

佛法為今時所必需

云：何謂佛法為今日所必需耶？答：此問題先需聲明幾句話，便是一切有情，但有覺迷兩途，出迷還覺，捨佛法別無二道，是故欲出迷途必由佛法。佛法者非今日始需，又非特中國人始需，又非特人類始需。佛告須菩提：「諸菩薩摩訶薩應如是降伏其心，所有一切眾生之類，若卵生、若胎生、若濕生、若化生，若有色、若無色、若有想、若無想、若非有想非無想我皆令入無餘涅槃而滅度之。」遍極大千沙界，窮極過現未來，一切一切，無量無邊，皆佛法之所當覆，皆菩薩之所當度者。而於時間則分現在，於空間則分中國，於眾生則分人類；而曰人類當學佛法，中國人必需佛法，現在當宏佛法，若是捨棄菩薩大願，是為謗佛法非宏佛法也。然而謂佛法為今日所必需者，謂夫時危勢急於今為極，迫不及待，不可稍緩之謂耳！

縱觀千古橫察大地，今日非紛亂危急之秋乎？強淩弱，眾暴寡，武力專橫，金錢驕縱，殺人動以千萬計，滅國動以數十計，陰慘橫裂禍亂極矣！雖然，此猶非所最痛，亦非所最危，所謂最痛最危者，則人心失其所信，竟無安身立命之方，異說肆其紛披，竟無蕩蕩平平之路。莊生有云：「哀莫大於心死。」而身死次之，心既失其所信而無可適從，於是言語莫知所出，手足不知所措，行為不知所向，潦倒終古醒痗一生，如是而生生曷如死。且夫人心不能無所用，不信於正則信於邪，人身不能無所動，不動於道則動於暴，如是則盜竊姦詭何惡不作矣！然則，今日世界之亂特其果耳，今日人心之亂乃其因也。蓋彼西歐自希臘羅馬之末，國勢危惴，學說陵夷，於是北方蠻族刦其主權，復有猶太耶教刦其思想，千餘年間，是稱黑暗時代，然人心不能久蔽而不顯，思想不能久屈而不伸，爰有哲學家破上帝造物之說，除迷信，研形而上學，而一元二元之論，唯心唯物之談，紛紜雜出。

嗣有科學家研物質學，創造極多，而利用厚生日用飲食之事於茲大備，二者之間，科學盛行。持實驗主義者，既不迷信宗教亦不空談玄學，以為人生不可一日離者，衣食住也，要當利用天然以益人事，本科學之方法謀人類之幸福耳。夫利用厚生亦何可少，人類一日未離世間，一切有情皆依食住，是故科學家言甚盛行也。雖然，人心不能無思，所思不能以此衣食住為限，人心必有所欲，所欲不必唯在物質之中，而欲人之盡棄哲學妙理而不談，而不思，而不欲。此大不可能之事也。又況唯是主張人生，於生從何來，歿從何去，一切不問，但以數十年來寒暑之安樂為滿足，其或有鄙棄此數十年來之寒暑為不足，而更思其永久者，則又將奈何？又況科學進步，物質實在之論，既已不真，蓋彼愛因斯坦輩之所要求者，唯一方程式耳！羅素輩目中所見之物非物也，所見之人非人也，一件一件的事情由論理學而組織之耳！由此以談，則所謂人者何？一方程式耳！物質者何？現象之結合耳！如是一切虛幻，除虛幻更無有實，是人生之價值既已完全取消，又何必勞勞終日，苦心焦思，以事創造，以事進取耶！

是故今之哲學家言，科學家言，大勢所趨，必歸於懷疑論。然於此際有異軍起，一切哲學、理智及科學方法、論理學概念廢而不用，以為此皆不足以求真，皆不足創造，而別有主張，號為直覺；謂此直覺但事內省，便可以得一切真，見一切實，便可以創造進步，使生命綿延於無窮，則所謂柏格森者是也。平心論之，人類之行為豈果出於理智？一舉一動而必問其所以然，而必推其結果，則天地雖大，實無所措其手足矣！是故為行為之動力者純屬感情，則欲事創造生活良以直覺為當。雖羅素主張理性，而於行為則認衝動為本，故欲生命之綿延，柏氏主張誠非無見。又科學之組織，純以概念觀念為具，以方程為準，概念也，方程式也，皆名言也，皆假說也。名言所得，唯是名言；假說所得，唯是假說，欲求本體，親證真實，愈趨愈遠，是故柏氏之反對科學，亦非無故。雖然，彼所主張之直覺，遂至當乎？遂無弊乎？當知吾人同在夢中，於此夢中，一切之意志感情知識均不可恃，則彼直覺亦胡可恃，蓋雜染種子，紛措混淆，隨緣執我，所得常為非量故也。直覺之說非全當也，而彼主張理性、主張科學者，又即以修正此情感衝動之錯誤為其理由。故羅素反對柏格森曰[1]：「文明人都由理智，野蠻人反之，人類都用理智，動物反之，如尚談直覺，則請回到山林中可也。」以吾觀之，使今人準柏氏之道而行之，棄科學規律而不用，盲參瞎證，取捨任情，其不流入武斷派

1 一八五九—一九四一，亨利・柏格森，法國哲學家，曾獲頒一九二七年諾貝爾文學獎。他提出綿延概念，探討生命與時間的關聯，建構了現代生命哲學路徑。

者鮮也！是故今日哲學界之大勢，一面為羅素之現象論，一面為柏氏之直覺論，[2]由前之勢必走入懷疑，由後之道必走入獨斷。平心而論，羅氏、柏氏果非昔日之懷疑派獨斷派乎？不過科學進步，其所憑藉以懷疑獨斷者根據既厚，以視昔之懷疑獨斷者為有進步焉耳！然在昔懷疑獨斷風行一世之日，又豈非持之有故，言之成理，而莫可奪者？後之視今，亦猶今之視昔，二者之辨，相差何能以寸也。

抑又以理推之，今後之哲學當何如耶？吾意繼羅、柏而起者，必有風行一世之虛無破壞斷滅派，何者？西方哲學於相反兩家學說之後，必有一調和派出現，而二氏之學，果有調和之餘地乎？以吾觀之，於善的一面都無調和之餘地，於壞的方面，則融洽乃至易也。何者？由羅氏之推論，歸於一切皆虛，然懷疑至極，終難捨我，要知我執至深，隨情即發，縱理論若何深刻，此我終不能化，羅氏既於哲理，一面破壞所謂人之實在也，然而仍復主張改造，主張進化，我既虛偽，改造奚為？故知其非真能忘我也。由我見之存，則柏氏直覺之說即可乘機而入。其必曰：「一切皆假，唯我是實，但憑直覺，無為不可。」以羅氏之理論，加入柏氏之方法，自茲而後，由懷疑而武斷，由武斷復懷疑，於外物則一切皆非，於自我則一切皆是；又復加以科學發達以來，工業進步，一面殺人之具既

2 直覺是柏格森重要的哲學方法，它處理的是異質性、難以量度的事物。所謂的「直覺」，是一種能把握「真實」的方法，且是與理智的切割相反：直覺是要忠實地進入另一個心靈，保留它一切的經歷和活動。直覺是一種不需要先驗範疇的思考方法，它不帶任何預設框架，要走心靈走過的每一步，想像和體驗它所體驗過的情動與節奏。

精，一面貧富之差日遠，由茲怨毒潛伏，苦多樂少，抑鬱憤慨之氣，充塞人心，社會人群既無可聊生，從而主張破壞，主張斷滅，機勢既順，奔壑朝東，是故吾謂二氏之後，必有風行一時之虛無破壞斷滅派出世也。

諸君！諸君！此時非遠，現已預見其倪，邪思而橫議，橫議而狂行，破壞家庭，破壞國家，破壞社會，破壞世界，獸性橫流，天性將絕，馴至父子無親，兄弟相仇，夫婦則獸合而禽離，朋友則利交而貨賣，當斯時也，不但諸佛正法窒礙不行，即堯舜周孔所持之世法亦滅亡淨盡，人間地獄，天地鐵圍，危乎悲哉！吾人又當思之，宗教果無死灰復燃之日乎？吾意當彼支離滅裂之際，人心危脆，必有天魔者出，左手持經，右手持劍，如穆罕默德之徒，芟夷斬伐，聚殲無辜，又必有若秦始皇坑焚之舉，今古文獻，蕩滅無餘，以行其崇奉一尊之信仰。何者？狂醉之思想，非宗教固不足以一之，紛亂之社會，非武力固不足以平之，而脆薄弱喪之人心，又至易以暴力宗教懾服之也。若是則全球盡為宗教暴力所壓服，而人類黑暗之時代復至矣！羅素在北平末次講演告我國人曰：「中國人切莫要單靠西方文明，依樣模仿的移植過來，諸君要知西方文明到現在已經走入末路了，近幾十年來引入戰爭一天甚似一天，到得將來也許被他那文明所引出的戰爭將他那文明摧滅了。」此語之發，非無故也。吾人今日而不急起直追，破人類一切疑，解人類一切惑，除宗教上一切迷信，而與人類以正信，闢哲學上一切妄見，而與人類以正見，使人心有依，而塞未來之患，是即吾人之罪，遺子孫以無窮之大禍矣！諸君諸君，心其忍乎？

方今時勢之急，既有若此，然而求諸近代學說能有挽此狂瀾預防大禍者，縱眼四顧，除佛法曾無有二，蓋佛法者真能除宗教上一切迷信，而與人以正信者也。佛法真能除哲學上一切邪見，而與人以正見者也。何以故？宗教家之信仰唯依乎人，佛法則唯依於法，宗教以上帝為萬能，佛法則以自心為萬能，宗教以宇宙由上帝所造，佛法則三界唯心萬法唯識，山河大地與我一體，自識變現非有主宰，宗教於彼教主視為至高無上，而佛法則種姓親因唯屬自我，諸佛菩薩譬如良友但為增上，又當知即心即佛，即心即法，心佛眾生平等無二，從此則依賴之心去而勇猛之志堅矣！抑又當知，彼諸宗教唯以天堂為極樂，以自了為究竟，實亦不能究竟，而佛法者發大菩提心，發大悲心，自未得度而先度他，三大僧祇皆為度眾，是故菩薩不捨眾生不出世間，寧自入地獄而不願眾生無間受苦。然則，佛法與宗教之異非特真妄有殊，抑亦公私廣狹博大卑陋永異矣！

復言佛法與哲學異。哲學家所言之真理乃屬虛妄，佛法言真如乃純親證，哲學家求真理不得便撥無真實，佛法則當體即是更不待外求；哲學之言認識但知六識，佛法則八識五十一心所無不洞了；哲學家唯由六識計度，佛法則以正智親知；哲學家不走絕端則模糊兩是，佛法則如如相應真實不虛；哲學家於宇宙則隔之為二，佛法則與我為一；哲學家則迷離而不知其所以然，佛法則親親切切起滅轉變一唯由我。以是之故，哲學家不走入懷疑而一切迷妄，則走入武斷而一切固執，佛法則真真實實，是是非非，有則說有，依他幻有圓成實有故，無則說無，遍計俱空。由是一切諸法，非有非無，亦有亦無，實有實無，不增不減，不迷不執，遠離二邊，契會中道。由上之故，一切哲學唯是說夢，於人事既無所關，於眾生且極危險，懷疑武斷易入邪見故，入邪見者執斷執常，計有計無。計無之禍其害尤烈，何以故？一切虛幻都無所有，善既無功，惡亦無報，更何為而修習功德，更何為而濟度眾生？由彼之言，必至任情取奪，異見橫生，破壞一切世間出世間善法故。而在佛法則異乎此，所謂依他如幻，以因緣生故，如幻有相，相復有體即真如故；所謂一切唯識，但遮外境而不遮識；當知一切有情皆有八識、五十一心所，無始以來與我光光相網，俱遍法界，必發大悲大願之心，與之同出苦海，不似計滅者，竟至忘情背恩入險薄故。又當知依他起性，如幻起滅，而真如體如如不動，不增不滅，無生滅故，現識雖復時起時滅，而八識持種永無壞故。由斯過去、現在、未來恆河沙劫永非無有，以是因緣常勤修學，自利利他，善惡果報，毫髮不爽故。故哲學為危險之論，佛法為真實之談，取捨從違理斯準矣！

諸君應知吾言佛法非宗教非哲學，非於佛法有所私，非於彼二有所惡也。當知一切宗教家、哲學家皆吾兄弟，彼有信仰之誠是吾所敬，彼有求真之心尤吾所愛，惟彼不得其道，不知其方，是用痛心欲其歸正。又應當知佛法陵夷，於今為極，諸信佛法者流，不同二乘之顯愚，則同外道之橫議，坦坦大道荊棘叢生，自近日西化東來，仍復依稀比附，或以擬彼宗教而類我佛於耶穌，或以擬彼哲學而類三藏於外道，婢膝奴顏苟且圖活，此非所以宏佛法，是乃所以謗三寶也。諸君應知天地在吾掌握，吾豈肯受教之束縛，萬法具吾一心，吾豈甘隨哲學而昏迷，一切有情，但有覺迷兩途，世間那有宗教哲學二物，當知我佛以三十二種大悲而出於世，三十二種大悲者，即悲眾生起一切執牛一切見耳。一切見中差別有五，一、我、我所見，二、斷常見，三、邪見，四、見取，五、戒禁取。見取者何？謂於諸見及所依蘊？執為最勝一切鬥諍所依為業。戒禁取者何？謂於隨順諸見戒禁及所依蘊，能得清淨無利勤苦所依為業。所謂哲學，即是見取一切鬥諍之所由興故，所謂宗教，即戒禁取一切無利勤苦所由起故，是二取者，佛法之所當闢，而何復比附依違之也。

或復難曰：「佛法誠高矣！廣矣！雖然，當今之世有強權而無公理，使人皆學佛，則國不亡種不滅乎？又況乎佛法以出世為歸，以厭世為始，一切都是消極主義，於人類之生存世道之混亂有何關乎？」

答曰：凡此之難，如前所言俱可解答。彼輩之惑，蓋一則以宗教例佛法，一則以二乘目大乘故耳。今復總答此問，一者，當知佛法根本乃菩提大願；二者，當知佛法方便多門不拘形式；三者，當知學佛要歷長劫，菩提大願者，求正覺而不求寂滅故，眾生不成佛我誓不成佛故，由此大願以為根本，曰定，曰戒皆其方便。所謂方便多門不拘形式者，佛度眾生其徒有四，曰比丘、比丘尼、優婆塞、優婆夷，在家出家俱無礙故。佛有三乘，曰人天乘、曰小乘（中分二：聲聞、獨覺）、曰大乘，種姓不定應機說法故。佛法制戒有大乘律有小乘律，大乘持戒菩提以為根本，是以經權互用，利物濟生，犯而不犯故。所謂學佛要歷長劫者，佛由一切智智成，一切智智由大悲起，大悲由不捨眾生起，自未得度而先度人者菩薩發心，眾生成佛菩薩成佛，菩薩以他為自故，他度為自度。故以是因緣菩薩不厭生死不住涅槃，歷劫修行俱在世間，化度愈宏種姓斯生，馴而不已即成正覺，而三身化度窮未來際，是故佛不出世，佛不厭世，佛法非消極，佛法非退屈，治世禦侮、濟亂持危，亦菩薩之所有事也。總之，佛法之始唯在正信，唯在正見，唯在正行，佛法之終唯在正覺，然則根本決定金剛不搖，外此則隨時方便，豈執一也。然則種種危懼皆屬妄情，一切狐疑非達佛旨。

如上所明，於佛法要義略示端倪，如欲求精詳，當鑽研經論。諸君！諸君！今何世乎？眾生迷妄，大亂迫前，我不拔度，而誰拔度？又復當知我佛大悲說法良苦，諸大菩薩慘淡經營，我國先哲隋唐諸彥，傳譯纂記垂統綦勞，宋明以來，大道微矣，奘師窺師之學，唯識法相之義，若浮若沉幾同絕響，是則聖賢精神擲諸虛牝，大道橐籥漫無迪人，譬諸一家，其父析薪，其子弗克負荷，既內疚於神明，徒虛生於宇宙，誰有智者，而不奮然以正法之宏揚為己任，以眾生之危苦而疚心，先業中興，慧輪重耀，勃乎興起，是在丈夫。

恩洋按：此文吾師在南京高師哲學研究會之講演錄也。師以局於時間，未盡其意，詞亦未畢其半，恩洋復以平日所受，備而錄焉，以供同志研討。自「云何佛法為今日所必需耶」以下，則洋謬以己意續成之者，前後文詞未及修正，知不雅馴，閱者但求其意可耳。

（一九二二年四月廣州王癸坊即盧印行）

今日之佛法研究

解釋此題可分數層：

一、佛法（此即研究之境）。

二、佛法研究（此即研究者之行）。

三、今日之佛法研究（此即研究者隨分之果）。

第一云佛法者，其詳可列一表如次：

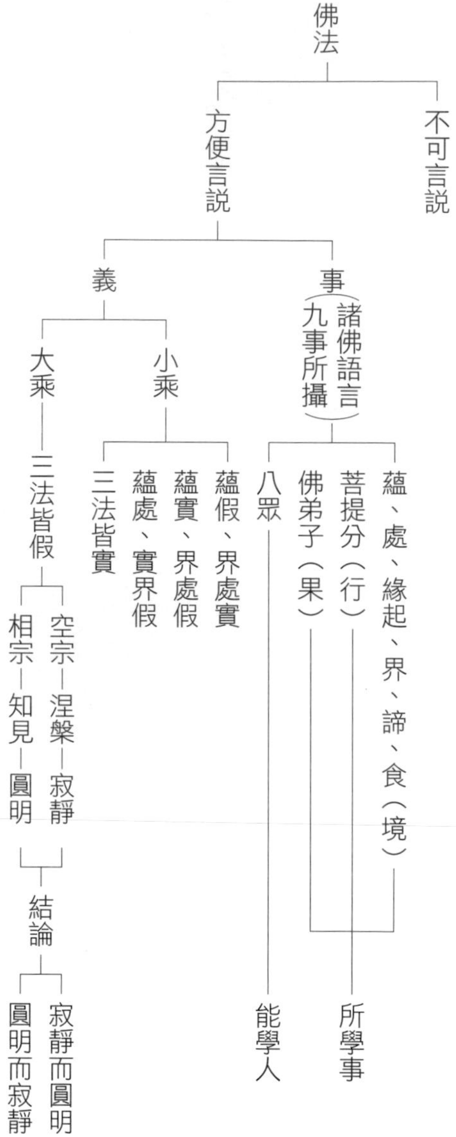

依表解釋，若說佛法實有勝法可學，此即魔說而非佛說。佛法乃日常應用恰到好處之事，亦猶人生眠食起居，不足希奇。無論佛出世若不出世，法性安住，法住法界，法爾如是。佛有所說，但老實人說本分事而已，論其實在固不可言說也。

然凡愚未能遽語於此也。凡外造三惡趣因，墮於有見；小乘偏執我空墮於斷見；二皆增損，皆非老實，更不是說本分事。佛以大悲心憫凡愚之迷惘，從旁面反面而為說之，惟恐忌諱不說正面。所謂從反面說之者，有如空宗說一切俱非而顯法性。從旁面說之者，有如有宗以二空所顯而說真如。凡此皆方便之說也。

余二十年來談空談有談小談大，時苦不能貫通，然今依教法乃得文字上之一貫，悟佛說方便之法門。一貫之說無他，事義之分別而已。大小空有所依之事皆同，所謂諸佛語言九事所攝，又謂乘則有三教則唯一也（九事詳如表列）。然三乘於同依之事，說義即有不同。小乘解釋三法有假有實，乃隨少分所見以談，未能圓滿。大乘證見既周，乃說三法皆假。其中復具空有兩輪，不可傾動。不知空而言有，此乃空前法相，所謂毫髮不可有者。既知空而言有，此乃空後法相，所謂毫髮不可無有者。二輪相成，不可缺一。

然復分二宗言之者，如云遍計一切非是，又云依圓一切皆是，此之是非一時不能並舉，並舉適成自違，以是各就一端言說遂成兩面也。空宗說無餘涅槃一切皆空，寂靜不起，此指體言。若正說也，即錯同外道，故但從遮而顯。相宗說涅槃同時之菩提知見，相貌圓明，無一毫之欠缺，此就用言，故從善巧方便而說也，二宗之不相蒙如此。

由空有二宗以談佛法結論，則寂靜而圓明，圓明而寂靜二語而已。合圓明、寂靜為一片，而後言寂靜不失於枯槁，言圓明又不失於浮囂，禪家所謂日在上方諸品淨者，彷彿似之。然此皆言說事，學佛究竟猶不可拘此言說也。

第二云佛法研究者，因寂靜圓明之境，非世間眾生所知，必無漏人乃見得到。此境既非世智所知，即不可以世智相求，於是研究上有兩種困難：

一、苦無出世現量。

二、苦世智不足範圍。
正面無路，乃不得不假借。
一、假聖言量為比量。此雖非現量，而是現量等流，可以因藉。此為假借他人。
二、信有無漏本種，久遠為期，以是發心，最應注意。此為假借他日。
準是研究，有二要語應知：
一切佛法研究，皆是結論後之研究，非研究而得結論。
舉例釋之。如以佛說諸行無常為結論，而研究得其因於生滅。又以有漏者苦為結論，而研究得其因於無常。又以諸法無我為結論，而研究得其因於苦。如是展轉相比，道理盡出，即是研究。否則但知言苦，不詳因緣，他人何不可無因而言樂？故學佛者全須用心思惟，徑路絕而風雲通，佛學有之。然不先有結論，專憑世智思量，則亦漫無歸宿而已矣。
於是又得一研究之重要方法曰：
多聞，聞持，其聞積集（比較會通），薰生無漏。
是數語也，亦可易辭言之曰：
多聞薰習（他力），如理作意（自力）。
第三云今日之佛法研究者，其事有二：
一、須明遞嬗之理。

㈠佛在世時說法隨機。此在當時未即記載，但於大小空有，義理皆具。後來菩薩詳細發揮，總不外其範圍。若並此一層亦不置信，則魔外並起，無從分割。

㈡佛滅度後，二十部小乘興諍，此皆切實可資研究。今人對於大眾立義，每有望塵莫及之歎，而小乘思想接近，亦可藉以引導也。

㈢龍樹破小。此為大小轉移之一關鍵，所云一切皆空者，空其可空，乃最得我佛之意。

㈣無著詳大。此繼龍樹之說而圓滿之，故二家缺一不可。

㈤唐人薈萃。此於無著以來各家學說皆得會通。然其後絕響及十餘載，今繼唐人，須大家擔當。

二、須知正期之事。

㈠整理舊存。此有二事：簡別真偽，一也；考訂散亂，二也。真偽之簡別在不輕置信，在讀書細心，終於無漏引生知其相應與否。至為此初基者，則多聞也。多聞乃膽大，乃心細，乃眼明，而有判別。又舊存之書多有散亂，必考較異譯論其短長，為之勘定，而後可讀。

㈡發展新資。此亦有二事：借助梵藏文，一也；廣採時賢論，二也。梵藏文中要籍未翻者極夥，如能參閱其書，多所依據，立論乃確。時賢議論不必盡當，惟讀書有由反面而見正面者。如法相要義散漫難尋，吾昔年讀《掌珍論》中駁相應論師數行，而得相宗大概；又如因大乘非佛說而得研究途徑，證明大乘實有演繹佛說而成之義；皆其例也。

本題解釋且盡於此，其中精微，他日當自為文以發之。

（《內學》第一輯）

談內學研究

今談內學研究，先內學，後研究。

內學之謂內，有三義：

一、無漏為內，有漏為外也。《雜集論》云：「墮於三界為漏。其有漏法即流轉法，與還滅法截然二事；猶水與火，猶黑與白，以其種子即成二類也。」昔人於此每每講錯，以為真如本淨也，煩惱染之則流轉，煩惱遠離則還滅，二者相替如輪轉焉，而不知其實不相謀也。

因此而談，儒家所云人欲淨盡天理純全，措語亦有病。孟子亦云：「養心莫善於寡欲」，宋儒註云：「寡者非絕，於此知其夾雜不純也。」此在佛家謂之雜染，一分染亦是染法。染則須絕，非徒寡之，故儒家所云寡欲，表面似有理，實則雜理，欲二者成黑白業，仍屬雜染，不究竟也。儒家又云：「大人者不失其赤子之心者也。」此赤子之心即雜染，而以為天理，故理終屬不淨，亦猶驢乳終不可為醍醐矣！儒家而外，如現行耶教講愛亦屬偏頗，不能及物，故殺生非所禁戒，此皆成其為有漏與外而已。從無漏種發生，即不如是，故云：「有無漏可判內外。」其理應於《大論》真實品中詳求。四真實中，煩惱障淨智所行與所知障淨智所行，皆以純淨得名真實，內學即應認清此真實。又此雖就現行立說，所從來者乃在種子；此無漏種子之義，雖自後人發明，然其道理建立不可傾動。

二、現證為內，推度為外也。如今人言哲學、研究真理而不得結論，以其出於推度；人各不同，遂無定論也。若出諸現證，則盡人如一，無有異說。如見物然，同見者分說同，出於想像則不同也。以是先佛、今佛、當佛皆言四諦，大小、空有、顯密乃至諸宗疏釋亦莫不說四諦，以其現證同而立說同也。又如諸佛以苦空、無常、無我為教，乃至涅槃言常亦為無常之註腳，此又現證同而立說同也。由此即得結論與哲學有異。

余常云：「內學為結論後之研究，外學則研究而不得結論者也。」此為內外學根本不同之點，由此內外方法亦不同。哲學每用比方，以定例為比量，即有範圍限制。如以三百六十度測周圓，二直角測三角內和，皆屬一定限制，不論圓角之形、大小如何，皆不出此限制，哲學家用心思推測，無論各人推測如何，而均在不得結果之一範圍內；人心所限制然也。內學則不如是：期在現證，無用比度，如說四諦，即是現證，即是結論；研求結論，乃有種種解析方法。又如不能理會苦而說苦由無常，復由種種分析以明無常，此皆為教導上不得已之辦法，故內學所重在親證也。然學者初無

3《大乘莊嚴經論》是以開陳大乘真義，以欲莊嚴大乘經典為意圖，而組織成整齊的作品，其著作形式是由偈頌與長行釋文所組成，並有譬喻之表現。《大乘莊嚴經論》〈真實品〉共有十個偈頌，〈真實品〉的首偈，開宗明義說明第一義就是無二義，並藉由三性說，來闡明整個唯識思想的概念及結構。

現證，又將如何？此唯有借現證為用之一法——所謂聖教量也。有聖教量，乃可不憑一己猜想；若不信此，亦終不得現證。世間哲學家即不肯冒險置信聖言，以為迷信，處處須自思一過，遂終墮於推度矣！此又內外分途之一點也。

三、究竟為內，不究竟為外也。經云：「止有一乘法，無二亦無三。」故佛說法無不究竟者，惟此就起點含有全體而言。雖始有未竟，而至終則究竟，如不了義經，得其解釋終歸了義也。《無量義經》云：「四十九年皆說法華，其間雖實說三乘法，意則均在法華也。」故云：「教則為一，乘則有三。乘以被機有三，實亦各究竟也。」由此，內學者應生心動念，皆挾一全法界而來，大悲由此起，大智從此生。即如大乘唯識說阿賴耶，亦以其挾全法界而得究竟也。此種全體大用上講求是為內學，反此皆屬外學。

次言內學研究，即知所研究者，為無漏現證究竟之學而起研究也，此可分人、法兩者言之。法是所學，人是能學，各有四端。

法有四者：一研究之必要，二研究之範圍，三研究之所務，四研究之方法。今一言研究之必要，先以理對學論之。

其一，理是法爾，學是模填。法爾八萬四千法門，言議不及，禪家每用但字調，以為但得即是，然此意仍可商，今謂法爾未得，先事模填，如畫作模填采也。學問即模填之事，可以由得法爾，故屬方便，非真實。

其二，理是現在，學是過未。以學過念即非，落第二著。即云參究，亦落次念，成為過去，惟由此方便得到現在。

其三，理是現量，學是比量，學為方便，則屬借用現量信解道理。能處處作此觀，開眼生心皆此道理，則可以發生現量。此義見真實品，故學雖比量，而是現量方便。

其四，理是無為，學是觀察。此乃本其所有而精細審量，亦得證會無為。

其五，理是不動，學是建立。理皆法爾常住，有佛、無佛不稍動移，學由人興，故出建立，但由學可證理。

其六，理是真如，學是正智。

其七，理是無分別，學是有分別。

其八，理是離心意識，學是猛用六識。此皆如前分別可知。

次以教對學言之。教待機感，而有權實半滿漸頓，又有詳略異門。由學研理，教仍是一，以是各端研學有必要也。

二、研究之範圍。但研究教，即概括宗在內。宗是總持，非差別非分析而亦不能違背三藏，實亦是教，今即總談教而不別開。

教分西方、東方。西方教先有三藏，經律則為阿難等在王舍城所結集，以十二分教攝大小乘攝論議。又有律，為耶舍等在吠舍離之結集；又有論，為帝須等在華氏城之結集。自此以後，有大小、空有、顯密等別，而其學悉薈萃於那爛陀寺，蓋自佛滅以後，講學範圍之寬，無能逾此地者，西方佛學亦以此為終。

東方佛學，如關中之空，慈恩之有，匡廬之淨，曹溪之禪，南山之律等，皆本諸西土。此中禪宗雖雜有我國思想，然理與空宗相合之處，仍出西方也。

今茲研究範圍，應全概括諸教，範圍不寬則易衰歇，昔日空有諸家，其前車也。但佛教範圍雖大，內容仍是一貫，仍有條理充實。今之研究亦將由分而合，以期成一整體之佛教。言余素顯，乃在建立支那之那爛陀矣！

三、研究之所務。此宜擇要而談，又分兩端：

其一，要典。依余見解，必由唯識入門，故應誦習之籍，初為一本十支論，次為掌珍四論，次為俱舍、成實毗曇，次為四舍，次為四律五論。餘有密典，重在事相，必明理相而後可習。

其二，要事。讀要典竟，應作以下各事。

(一)經論異譯比較，舊譯不必盡誤，仍有所本，仍有其學問。如《楞伽經》，由會譯比較，乃見舊時魏譯最好。又有翻譯經，久不得定本者，則須參互考訂以定之。此為吾人應作之事，凡不能翻譯者，尤宜肆力於此。

(二)藏梵未譯研求，此有賴於翻譯。

(三)密典純雜考證，又咒印彙考，由此乃能習密宗。

㈣律典各部比較，由此可見各派異同，又可改正舊行各律之不合佛利者。

四、研究之方法。此宜知四入、四忌。

四入者：

㈠猛入。此如數百卷書之一氣連讀，又如任何種類之取裁，不分晝夜之思，又如空宗之般舟三昧，教中蓋有如此猛晉之事，未可忽視也。

㈡徐入。此謂融貫、浸潤、結胎、伺鼠、湊拍、節取，而後有生發。

㈢巧入。此有反證借徑等法，三藏十二部皆反覆申請之言，而能入之法不一。如佛法本甚莊嚴，宗門之悟道乃向青樓浪語中得之。

㈣平入。此謂循習而純熟。

四忌者：

㈠忌望文生義。

㈡忌裂古刻新。

㈢忌鑾強會違（此為泥古不化）。

㈣忌模糊尊偽（如華嚴學者之尊「起信論」）。

次言研究人有四者：一、研究之因力，二、研究之可能，三、研究之緣助，四、研究之興趣。

一、研究之因力。平常但言求離生死，因猶不真。今謂另有二語曰：「親證法爾，大往大來。」

證法爾即發菩提心，所謂菩提心為因也；大往來即大悲，所謂大悲為根本也。因須通盤打算，而後有力。因謂依，是人依我，非我依人；因又謂自，仗自不仗人。所謂法爾，即自也；萬法皆由法爾緣起，故有力能生。儒家亦有如此理者，如象山云：「六經皆我註腳。」佛學亦然，從親證法爾下手，則十二分教皆我註腳。毗盧遮那頂上行，禪宗境界亦不過爾爾。

大往大來由於信得因果。因果須合三世觀之，業有生受、現受、後受，不能拘拘一生以談因果；信此，則得大往大來。此雖老生常談，然今之學者不於此致意也。學者如以信因果心為根本，聞薰亦可依恃，不定須念佛等，此非反對彼等法門，但於此見出因力不退之理，《大論》有云：「自因力不退，可以為因他力加持力皆退，但可為緣。」故求不退，應薰因力大往大來，時間則三無數大劫，空間則大千沙界無量眾生，以他為自而思及眾生，此特擴而張之，即是因力，前所云挾法界以俱來也。此是大悲為本，是真佛學。

二、研究之可能。此謂六度，乃為自憑藉者也。

㈠布施。無我歸命為布施，不留一毫私用，將此身心奉塵剎乃有力量，孟子所云：「能盡其才者也」，佛希望人皆盡其才，皆以出世法為目標而歸命。

㈡持戒。此就可能為言，制之一處，事無不辦。戒如馬捋，馬受捋則力強而行速；學亦以戒為方便，而後有可能。吾人經驗中，亦有此證明，如作事不廢時光，日計不足月計有餘；但亂念極耗歲月，去亂念即是戒，此不可作陳腐語看。

㈢忍辱。諦察法忍之為忍辱，諦察則有味。《易》云：「苦節不可貞，其道窮也。」有味乃不窮，乃有生發，觸處洞然，而後能耐。又道理一種涵萬，必細察乃省，前云四入之徐入，與此相應。

㈣精進。此是能力根本，佛力充足，全在精進，如世親治小乘，則由有部而經部，而俱舍，繼而捨小入大，則又先法相，而後唯識，健行不息，此最能精進者也。精進為因，般若為果，般若為相為體，精進為可能為功用。又般若為總相，精進為條理，故佛智骨髓在此，空宗貫六度以般若，相宗貫六度以精進，即是意矣。

㈤禪定。畢生定向無他志，是為定。

㈥智慧。此應注射於無師智、自然智。此雖非當下可得，然應隨順趣向乃至臨入。讀書多聞，尤須於此致意。

三、研究之緣助。有三：

㈠指導門徑。欲學之省時省力，不可無師，不可我慢，然今人時習甚重，每每趨向無師。另有顓固者流，如天台家解說《梵網》四十二經，曲為說法一戒，以為不可為在家人說，在家無師範故，此則限制師道於極小範圍，心地何等狹隘。後來太賢即引《纓珞》夫婦可以互授之說而駁之。《纓珞經》雖待考，然此駁固是。依《大論》所說，比丘可在在家人邊學，故維摩為文殊說法。如天台家言，此：又謂之何？可知其說或出於我慢耳。凡指導學者門徑者，不限出家或在家。師義亦有三類圓滿師、分證師、接續師，不知接續師，即不能擔任，即是輕法犯戒，極宜慎之。

㈡問辨釋疑。此乃朋友之事，因其能委婉曲折而盡之。

㈢多籍參考。或乃求師友於古人，或聞時論於異域。

四、研究之興趣。研究須合眾，離群索居則無生趣。故研究此學，㈠須朝夕之過從，㈡須風物之怡快以暢天機，㈢須有暮鼓晨鐘之深省。具三事而後興趣勃勃也。

大師於民國十四年九月第十二次會，又出研究應作事五條，與此所說後先相涉，因附錄於次，以便參考。

附錄　說今後研究應作事五條

一、研究大乘龍樹無著學，須先治所系經，而會通其法義。

龍樹學所系經	無著學所系經
華嚴（漸備）	十地淨行等（莊嚴攝論所引）
寶積（彌勒問密跡力士）	菩薩藏會普明會（大論引）
大集（無盡意般舟）	無盡意
維摩詰	同
華手	（未見引）

涅槃（法雲大雲為涅槃部大方等無想經）……（天親論）

般若波羅蜜……同

無量義……同

法華……（天親論）

六波羅蜜……同

本起因緣……（未見引）

斷一切眾生疑……（未見引）

天問（即思益）……（天親論）

阿彌陀佛……（倫記引又無量壽論）

首稜嚴……（未見引）

師子吼……（大論引）

此外有楞伽、深密、佛地、金光明、文殊問（天親論）、大乘同性、如來藏、無上依等。

二、研究小乘俱舍、成實學，今所急者有二事：㈠以順正理作伸俱舍（經部義已有治者，不錄），㈡除身義毗曇外，以除毗曇釋成實。

三、研究阿含，須注意長中增一及餘零冊之治（雜含已有治者，不錄）。

四、研究大小乘律學，應治三事：㈠大乘經論中談律散文，撮聚一處名為大乘律聚；㈡小乘律先治善見律《毗婆沙論》，繼將勵宣素三家書比較，立三家異義表，見中國律宗之精華；㈢小乘有部律最完備，應先治十誦、薩婆多毗尼二論，繼將義淨譯毗奈耶撮摘其要，名為淨譯標目，亦名有部作持標目。

五、研究真言學，應治二事：㈠以雜密次第法門為事相證據，用勘純密，而清其混亂法，㈡以龍樹無著教義為理相證據，用勘密籍，而簡其相似法。

（《內學》第二輯）

第二輯

修煉暨論證

提要

「支那內學院」是歐陽竟無一生事業的中心，「訓釋」一文最清楚地傳遞了他堅持的立場。一項重要的立場，是有意識傳承楊仁山而來，在和太虛法師的反覆辯難中更得到強化的，那就是居士立場，尤其堅持居士可以研究佛法、居士可以為師。他以「闢謬」為標題，明確地主張：居士也是「僧」，並非只有出家入佛寺山林才叫「僧」；居士也可以發菩提心，入菩薩乘，並非只能落在世俗聲緣覺中；居士可以說法，居士在家同樣可以持戒，因而居士中有佛法名師一點都不奇怪，比丘向居士學佛法也沒有什麼奇怪的。

作為居士，歐陽竟無充分展現了自己對於佛法的全面掌握。訓「教」的段落中，他特闢「文字」一節，先強調研習經論之重要（反對禪宗態度），接著展開了從修習、理解佛法角度，通盤整理佛教文字記錄的布局。

從「俱舍」入手，再到「瑜珈」，然後「唯智」，最後是「涅槃」，這是四大分向次第。而每一大項中，又各自細分另有小次第，像是「俱舍」類內再分三階段：一是有部經部，其次《俱舍》、《正理》，再來是《雜集》、《毘曇》。「瑜珈」類別則「先唯識後法相」。「唯智」類則第一步先讀《密嚴》，然後接《大智度論》、《十住毘婆沙論》、《菩提資糧論》，共四個步驟。「涅槃」類以《大涅槃經》為主體，再分不同重點而讀《法華》、《涅槃論》、《常性經》、《金明光經》、《大法鼓經》、《大雲經》等。

這樣的兩層結構下還有更細密的第三層，像光是「俱舍」第一階段的「有部」，就又分上座部與大眾部，依次提到《增一阿含》、《發智》、《毘婆沙論》、《成實》、《四諦論》等。

換句話說，他以自力完成了對「大藏」的吸收整理，找出一種異於「判教」的方法，有條理地重新組構如此龐雜、令人望而生畏的佛經文字。歐陽竟無自認他的條理是原始的、內在於佛經佛法，由他透過考證理解挖掘出來，關於這一點我們可以存疑，然而絕對無法否認的是，這套系統確實有可以自圓其說的邏輯，而且依照邏輯順序閱讀思索，也確實可以有助於擺脫許多困惑，指出了一條趨近佛法、漸進式入佛法之域的道路。

輯中選錄了幾封書信，內容涉及歐陽竟無對曾及於門下的熊十力提出「新唯識論」的嚴厲反對意見，這部分應該和本系列《解讀馬一浮》、《解讀熊十力》並列對照閱讀，多角度領會民國時期的一則思想、學術公案，更能掌握當時新起的儒佛相爭一頁歷史。

心經讀

此文從《舍利子般若》抉出，旨要唯是表第一義諦更無其餘。如十二門論，抉中論十二義，示空三昧入涅槃門，旨要唯是一空義也。又如咒之有心中心。十六分六百卷如咒，《心經》寥寥幾句如咒心。故不讀六百卷，不足以讀寥寥幾句。而不讀寥寥幾句，又不足以讀六百卷也。

觀自在菩薩行深般若波羅蜜多時照見五蘊皆空度一切苦厄

此總攝也。諸佛說法莫不在第一義諦，第一義諦攝佛法盡，不但般若十六分及《心經》全義。般若表勝諦，三科三乘畢竟空，勝諦一味平等而無所得故。瑜伽詮法相，三科三乘如幻有，法相萬別千差，而不可亂故。然以真入俗，而俗必歸真。以自體言雖不一，而以相應言仍不二。故說第一義攝聖法盡也。《深密》說勝義諦徧一切一味、一相無相一味，平等故也。所謂《心經》全義者，皆空之謂境。行深般若之謂行，照見皆空之謂果也。

云何皆空之謂境耶？皆空之境，菩薩自性空，究極即畢竟空，徧一切一味，佛境也。經言一切如來皆用諸法真如，不虛妄性、不變異性，顯了諸菩薩行、諸佛正覺。又言如來如實證，知真如無二，如來真如即五蘊真如，一切真如，皆不相離非一非異，無盡無二，亦無二分不可分別。又言般若為不可思議，乃至無等等事出現世間，諸法無自性、無限量，亦不可思議，乃至無等等。故云徧一切一味，故云皆空也。

云何行深般若之為行耶？般若者，龍樹謂是觀實相慧。涅槃為實相，觀慧則相應涅槃也。深般若者，經言色亦甚深，真如甚深故，若處無色名色甚深。又言色無盡，故真如無盡，色與真如無差別故。是則深般若唯一真如，更無其餘也。行深般若者，觀慧相應涅槃，行即相應觀慧，相應之謂行也。龍樹謂：如弟不違師，是名相應，隨其觀慧，能得能成，不增不減是名相應，雖滅觀法而智力故無所不能，無所不觀，不墮二邊，是名相應。如是相應稽諸經言，有十四義可得而陳。原夫無餘涅槃厥有二相，寂靜、寂滅相。為畢竟空，為無所得，為義甚深，在十四相應中為離得行。無損惱寂滅相，為一切智智，為徧一切一味，為義廣大，在十四相應中為圓證行。離得行者，般若畢竟離，菩提亦畢竟離，離法不得離法。而得菩提又非不依止般若此類相應以不生不滅，故有畢竟空行，甚深相應義處為空，無相無願，乃至涅槃增語所顯處。法不行法、法不見法、法不知法、法不證法是也。如是有夢業不著行，業以所緣起，覺增夢亦增，以是諸著一掃而空之。如是有不行行，不見般若及空能所行法，復不得不見。入無生法忍。如是有不分別行，第一義諦都無分別，虛空幻士機關化作有何難易？又此類相應，以不垢不淨故，有遠離行，就眾流轉施設染淨，菩薩明本性皆空，視一切法無所有故。又此類相應以不增不減故，有隨喜回向行，法不相知相到，無自分勝進之殊、方便善巧，但有位異而無義別。入以普賢，馴習勢厚，迫近而幾。所謂初發心，即等正覺。所謂菩薩行，行於佛境也，此行為入道之大要也。如是有初後，不即離行，如燈燋炷實不即離於初後。如是有心如，不即離行。心不住生滅而住真如，雖異常住而心如互不即離。上來九行若能相應，為可稱為無所得行也。復次圓證行者，佛證真如至極圓滿，又復無相，故學一切智智，必於一切有情我皆滅度而學。念念不離圓證為佛境，以修一切為菩薩行。此類相應有依空起願行。獸賊飢疾久劫諸畏，不唯不怖，乃更發願，願我眾生無此大苦。此類相應有不遣行，勝義諦相，取行壞遣，一切俱非，將欲證大之圓滿，豈猶墮小之斷修？此類相應有不證行，菩薩先念為學觀空，非證觀空，念已而入。心雖一往，自不取證，是故菩薩道相智行，須先發無上菩提心乃能觀空，不證箭箭注楛。發心勢用達於無表，力能無量，鄭重初機，是亦何可忽於佛境哉？一切智智不嫺，而空談發菩提心哉？此類相應有不慢行，學佛大魔乃在一慢，應問餘友菩提分法，以何方便而不作證，菩薩雖在夢中，不著三界二乘，雖除災作佛事，而等若空無。上來五行若能相應，為能偏一切一味行也。夫十四相應括為甚深廣大二義，而此二義又非二事，探量之本，廣大不離甚深；充本之量，甚深不離廣大。是則觀察一切法，空而不捨離一切眾生。不可作二者得兼，而原是一事。是則無所得偏一切一味，不可歧二，亦原是一事。聲聞不能畢竟空，不能一切智智也。菩薩行、相應行，一念起時周偏法界，所言周偏法界者，空智皆周法界也。一切佛法在一毫端上，念念相續，不息不休，精積力久，吞鐵渾侖，故唯求佛於如是，相應行而可忽諸。

云何照見皆空之為果耶？不見五蘊照見皆空是也。五蘊以何不見？不緣故不見，不緣諸法而起識故。以何不緣？不住色、不學色、不觀色，所緣無相，非色變礙相，非受領納相，非想「取像」相，非行造作相，非識了別相。故云不見，不見則一切法無所得也。皆空以何照見？一切眾生皆有佛性，不見故凡夫，見故證菩提。一切有情等有真如。不見故流轉見故證涅槃。彼經眼見。此經照見皆親緣現見，非比量見，內證聖智普發，現於一真法界。盡未來際無有止息，故云照見。照見則偏一切一味也。經言遮遣五蘊顯示涅槃，不見則遮遣，照見則顯示也。然無所得偏一味，原非二事，有佛無佛，諸法常住，心性本淨。凡夫無明俾障，正智，不得。緣如諸佛證覺，譬日當空，纖毫照徹，菩薩無所得如月如鏡，亦能照了也。般若能現世間實相行相應於般若時亦現世間實相，故云照見也。度一切苦厄者，餘依有苦，纏眠皆苦。上自地盡，下至情盡，莫不皆苦。故云一切。幽冥異路，水火異勢，義利異趣，色空異事，然於一切力能皆同。是故度一切苦厄，須偏一切一味也。經言自證等覺，施設正教，度眾沉迷，一切如來莫不以度苦為事。

舍利子色不異空空不異色色即是空空即是色受想行識亦復如是

此引申也。引申偏一切一味義也。色不異空者，空無自性，色亦無自性，色、空。真如無二無別故。如是應談中道義。無明有愛中間生老病死之苦，是名中道。十二因緣不如聲聞執為無常，非因非果，常恆無變故。常與無常，不能具說，墮邊非中故。空不異色者，經言有為、無為，平等法性，說名勝義，非離有為別有勝義諦。如是應談如幻義，經言是諸幻法，聖人亦現，但不執著。又言聖以離言假立名相，如幻眾事，迷惑眼慧，不如所見堅執諦實彼於後時不須觀察。色即是空者，煩惱即菩提、生死即涅槃也。空即是色者，經言幻與有情，及一切法，乃至涅槃設過，涅槃無二無別，皆不可得、不可說故。又言變化與空。此二俱以空空故空。畢竟空中非有，空、化二事可得。

舍利子是諸法空相不生不滅不垢不淨不增不減

此引申也。引申無所得義也。不生不滅者，無著釋龍樹八不偈云：「非滅不滅，非生不生。」應知諸句皆如是說。不可說此法非滅，故名不滅。世諦不異第一義，一相無相故。無自體如本性空如此則是諦，若人不知此二諦之義者，彼於佛深法，則不知真實。是則諦不可異，而說有方便，應善讀龍樹妙偈。偈云：「諸佛依二諦為眾生說法，一以世俗諦，二第一義諦。」亦不可說無滅，故名不滅。經言一切諸法無始來滅。本性不生，無有自體，不得於無自體中遮生遮滅。不得於無自體中而說貪欲陰盡，更不復生，是名涅槃。不得滅，復有滅，不生更有不生。是則所言不生不滅者，遮遣五蘊也，為顯示涅槃而遮遣五蘊也，涅槃空中不得生、滅、垢、淨、增、減相也。

是故空中無色無受想行識無眼耳鼻舌身意無色聲香味觸法無眼界乃至無意識界無無明亦無無明盡乃至無老死亦無老死盡，無苦集滅道無智亦無得

此承上義而言也。三界心心，所是虛妄，分別生滅也。執障而流轉對治，而還滅垢淨也，我慢有所得變壞而退墮增減也。空相不動，說何生滅？空相平等，說何垢淨？經言菩薩為有情昧空說諦，而得涅槃，不由諦智，但是平等，亦復說何增減？經言是法平等，無有高下。是故無世間三科法、無出世間三乘法，是名無所得。經言異生所執法，非如是有故。於無所有而有，為無所有不可得，於五蘊無所有不可得，乃於一切智智，畢竟空義徧一切一味也。無智亦無得者，龍樹無漏八智為智，自須陀洹聖道乃至佛道為得。

以無所得故菩提薩埵依般若波羅蜜多故心無罣礙，無罣礙故無有恐怖，遠離顛倒夢想究竟涅槃

此引申也。引申照見皆空之果，而先之菩薩行涅槃果也。涅槃性空，般若無所得，由行而引言語道斷，空相所緣、空智能緣，以入初地，是為相應涅槃。以無所得而求一切智智，非一法成佛而乃即止，必法法成佛，一切入一切、一切攝一切，眾德具現，大施方便，是為無住涅槃。菩薩行圓滿時，覺一切相、得一切智、斷一切習、幾與佛齊，舉足下足皆如來境，已能徧一切一味，是為究竟涅槃，心無罣礙，無有恐怖，遠離顛倒者，已入初地，已能不見五蘊，雖未圓滿，有何罣礙耶？經言平等性中，所有不活畏、惡名畏、死畏、惡道畏、大眾威德畏，皆悉永離。更有進者，菩薩聞甚深微妙，難信解義，不驚不怖不畏，已得不退轉地故。此不退轉，亦名無生法忍、亦名正性離生，自初地以至八地，皆得此名。初不退墮外小、八不退失佛地故。居不退位，受記作佛，有何恐怖耶？菩薩知法，即法界、法界即法，學一切法於法界，學法界於一切法。體亦無所得、用亦無所得。常、樂、我、淨，無常與苦、無我、不淨，適應中道有何倒想之不離耶？復次，未入地前，未得無所得，最初行菩薩行者，必研一切智，乃至一切智智，而知佛境。既知此、已發心作佛、念念不離佛，思惟唯一切智智，而於諸法不作二想，一切智智無性，為性法界為相，如是所緣亦無性，行相亦寂靜，正念而增上，解了無性斯為第一。菩薩亦行聲聞三十七品，欲至涅槃城故，亦行三三昧欲入涅槃門故，如是學聲聞一切智已，即以自乘道相智入正性離生。云何自乘？圓滿無性為佛，漸證無性為聖，深信無性為賢善士。深信證果，不證、無性是一，遂發菩提心，直趣無所得，復以無所得圓滿諸修證，是為自乘也。是則未入地前，不異一切智，已至地極，不異一切智智，正在地上，漸修圓證，普學一切智及一切智智。大智而大願，大願而大悲，大悲而大行，一地趣一地，是為道相智自乘也。

三世諸佛依般若波羅蜜多故得阿耨多羅三藐三菩提

此承上義，引申而次之，佛行菩提果也。龍樹菩提為般若果，般若為菩提因。是則圓滿大般若，名大菩提。大菩提以相應大涅槃而生，大涅槃以相應大菩提而顯。是故轉依非一，而不可為二。不二轉依，故大涅槃應談三德。解脫道生剎那證覺，一念般若，相應即佛，佛藏出纏即是法身。德雖云三一毫端現，故此談大菩提果，即已賅談大涅槃果果也。龍樹又言，菩提名佛智慧，薩婆若名佛一切智慧。十智為菩提，十一智為薩婆若。佛之知見是一切智智，諸佛皆以觀慧相，應無所得實相，而得一切智智總相，故云得阿耨多羅三藐三菩提也。

故知般若波羅蜜多是大神咒是大明咒是無上咒是無等等咒能除一切苦真實不虛

此流通分也。經言般若最尊、最勝，故《般若經》凡說一義竟，均備極尊重讚歎。如舍利子說般若空竟，以三十一種名號稱揚讚歎般若波羅蜜。如信解般若說空相竟，讚功德勝利設利羅較福種種，不容具舉。然般若出現世間，皆為除世間一切苦，皆為作世間宅舍、洲渚故。能除一切苦，唯有第一義諦偏一切一味故，遮遣五蘊虛妄，顯示涅槃真實，然後能偏一切一味故。以此因緣，說偏一切一味是心中心也。

故說般若波羅蜜多咒即說咒曰揭諦揭諦波羅揭諦波羅僧揭諦菩提薩婆訶

咒以固之，又以摽之。揭諦，度也，波羅蜜多，到彼岸也，僧，眾也。菩提，果也。薩婆訶，成就也。應為之說曰度度，度到彼岸，度一切眾到彼岸，證菩提果，事成就也。

支那內學院院訓釋

訓支那內學院，舉四句。曰師，曰悲，曰教，曰戒。次第釋之。

釋師訓第一

作師一

有出類拔萃之物類，固應有出類拔萃之人類，即應有出類拔萃之思想，出類拔萃之先覺，與大先覺覺後之事，而師之為物以立。識與識皆充法界，皆相梵網，故人與人，人與有情，有情與人，有情與有情，皆相繫屬，皆相平等，性分質分，莫不皆有師之為物者在。充人之量，充有情之量，天地合其德，日月合其明，四時合其序，鬼神合其吉凶；充人之量，充有情之量，剎剎塵塵，法界法爾，位之育之，無餘而滅度之，是故人之所以為人，有情之所以為有情，莫不皆有作師之責者在。

佛者第一義也，師者第一義也，今而欲作師，是之謂作佛。菩提心者第一義也，師者第一義也，今而欲作師，是之謂發心。果之胎孕曰因，因之產生曰果，其為物不二，但厚薄堅脆濃淡始終之差別，第一義之果必本於第一義之因，第二義之因不可得第一義之果。作佛即作佛耳，發心即發心耳，作師而已耳。索食而蒸沙，需潤而陽燧，東的而西矢，北轍而南輗，是故不能。

今天下荒亂矣，推根究極，豈不曰但知有己都不負責之由致耶！乙此但知有己都不負責，又誰實使然耶？澡髮讀書，天壤名立，國人師友，新知舊習，冉冉悠悠，寒暑數十，曾不聞詔之第一義，告之以作師。有英挺之姿，凌霄之志，曰古之人，古之人，非斥大慢，即目狂騃。嗟乎冤哉！此慢若狂，毗盧遮那頂上行，宗門何為贊之？爾見甚輒禮拜，又何為斥之？且孔子又何為惡鄉愿而思魯之狂士哉？今時有謂聖經深理，不適孩提，當廢讀經。嗟乎冤哉！並此冥種而亦蕩然，有死之極無生之氣矣！反覆沉錮，誰能超然？非無奇士，不甘隨同，然而第二義之因終不得第一義之果。神明潛蟄，劣菌彌密，徐而移之，回而旋之，終亦必止知有己都不負責而已矣！

又學佛者誰不曰難行苦行，而奈何不曰作師，師者第一義也，難苦第二義也。無所謂難，而後乃能行難；變魚飼虎，稱鷹炙鹿，夫亦晚食安步而已耳。無所謂苦，而後乃能行苦；熱鐵洋銅，青蓮赤蓮，夫亦操慢安弦而已耳。苟作師也，唯曰眾生，念念眾生，悲之所至，無所不至，月在上方，清流濁流，容光等照。如或不然，已視為難，況能行難？已視為苦，況能行苦，僻執舛戾，終以自敗，何足道哉！

難者曰：師者第一義也，若是則參第一義已耳，何為獨作師？曰：覷破無明，麟角一人；弘法傳燈，菩薩度眾；宗門澈悟不少大機，然多獨覺，是故大乘不捨眾生，作師第一。又難：作之君作之師，不捨眾生，一也，何為獨作師？曰：能為師然後能為長，能為長然後能為君，故師也者所以學為君也，然君也者所以學為師也。十王大業，天人師果，由前而言，於師取資，由後而言，於師為的，唯世出世，胥應作師。

嗟乎！天下同心，曷聞斯語，投袂而起。語在《華嚴》：菩薩摩訶薩常生是心，我當於一切眾生中為首，為勝，為大，為妙，為微妙，為上，為無上，為導，為將，為師，為尊，乃至為一切智智依此者。語在《瑜伽》：善男子，善女人……見諸濁惡眾生身心十隨煩惱之所擾亂……能發下劣聲聞獨覺菩提心者尚難可得，況於無上正等菩提能發心者。我當應發大菩提心，令此惡世無量有情隨學於我，起菩提願。

求師二

發願作師，實踐作師，敻乎尚矣！而乃不知師有其真，作有其法。蒼莽孤特，堅苦卓絕，神之不寧，心之不平，唯私唯隘，唯亂唯慢，大願奇難，復溺而陷，豈不冤哉！以是因緣，作師方便，求師第一。

師有二義：一法爾義，二善巧義。法爾義者，凡物滋生，法爾有因，法爾有緣，幼至而因通，緣慳而因塞。孤特無枝，安能扶蘇；錢鎛芟夷，誰若待時；徒涉萬者，何如舟車。荒漠之指南也，迷茫之洲渚也，歧路之嚮導也，險道之商主也，智慧之於師也，一也。因由自辨，緣必依他，唯先德之他，與同法之他，均足以增上也，一也。

善巧義者，生滅陰陽，苦樂窳良，恩怨憶忘，過現未來，支配迭相，若是者為史事，為言文，為思想，而皆謂之有漏。史事不獲現，言文不可道，思想不能到，絕對不待，唯證乃會，若是者謂之無漏。夫所謂學者，亦史事言文思想已耳，不現不道不到之境，烏乎能入。學之徑絕，入之術窮，徘徊狐疑，邪見叢起，不忍世間有無漏事。嗟乎冤哉！思想者獨一無二之物也，天下若有超思之軌，不許超軌之思；既許超軌之思，胡乃不忍世間有無漏事？然而徑絕，然而術窮，望而不能即，思而不能由，其奈之何哉！絕而能融，窮而能通，不謂善巧，豈可得乎！漏但當陽，無漏但藏，非謂眾生無無漏種，既有其種，必得其顯。天下有不可親而引之以同類者，陽燧方諸火騰水液是也；天下有不能真而引之以相似者，嘬頤而鳴嚶鳥出林是也。師能聖言，聖言者，無漏之等流也，是之謂同類之引；師能施聞，受聞者無漏之托變也，是之謂相似之引。初但隨順，寖假相似，寖假臨入，寖假而無漏當陽，漏種潛藏。於斯時也，不謂善巧豈可得乎？師有二義，法爾善巧，實踐作師，學道歸命，而不求師，豈可得乎？

難者曰：後佛師先佛，先佛師誰佛？心佛生無差，不妨我作古。曰：事無其前，自我作古，古既可因，何勞虛牝；文史不用而蹏迒結繩，圖籍不探而乘槎通漢，是之謂不知類。又難：世無孔子不應在弟子之列，世不出佛誰可為師？曰：依法不依人，雪山半偈，羅剎可師，纓絡十無盡戒，夫婦六親互為師授；無常迅速，長劫孤露，不應我慢，焦種滅祜。又難：大丈夫事超祖越佛，理非佛專，我亦佛說。曰：諸法法性，若佛出世，若不出世，常住不異，四十九年未說一字；爾若證真說亦無說，無說已同佛說，誰為超佛？有說尚異佛說，況能超佛？今日且謀證真，固應借徑佛說。

嗟乎！天下同心，曷聞斯語，投袂而起。語在《華嚴》：菩薩爾時作如是念，我以一句佛所說法，淨菩薩行故，假使三千大千世界大火滿中，尚欲於梵天之上投身而下，親自受取，況小火坑而不能入。語在《華嚴》：善男子！若欲成就一切智智，應決定求真善知識，勿生疲懈，勿生厭足，皆應隨順，弗見過失。時善財童子一心憶念，依善知識，事善知識，敬善知識，於善知識起慈母想，於善知識起慈父想。得聞法已，歡喜踴躍，頭頂禮足，繞無數匝，殷勤瞻仰，悲泣流淚，辭退南行。

師體三

師以知見為體，不以得果或但儀式為體。此中理者，《攝大乘論》：入所知相，多聞薰習，如理作意，能悟入者，決定勝解資糧菩薩。若師得果，不能淹貫而唯顯通，求法弟子從何得聞，聞既無得，憑何作意？意且誤作，安能勝解？若唯儀式，色見聲求，尚行邪道，衣冠優孟，寧容相應？是故《法苑義林》引《十輪經》云：「若無初三沙門，必不得已污道中求，其有破戒而不壞見者，親近承事聽聞法要；若破見苾芻誑惑有情，令生惡見，師及弟子俱斷善根，當墮地獄。如是死屍膨脹爛臭，若與交遊共住同事，臭穢薰染，失聖法財，壞戒有見因得續戒，善根既斷戒亦隨無，故唯知見是天人師。」

此中教者，《妙法蓮華》：諸佛世尊大事因緣出現於世，開示悟入佛之見。《大涅槃經》四：諸佛所師所謂法也。《瑜伽師地》，說有三師，亦主知見。第一大師，所謂如來立聖教者，開許制止一切應作不應作故；其二紹師，第一弟子如彼尊者舍利子等，傳聖教者；其三襲師，謂軌範師，若親教師，若同法者，能開悟者，令憶念者，隨聖教者；紹師襲師，時時教授教誡轉故；當知三師能說傳說及隨說故。師以知見為體，理亦如是，教亦如是。

濬瀹知見，求以是資，教以是師，是故《顯揚聖教》：成就十事，名說法師。一者解了法義，六法十義善解了故。二者能廣宣說，多聞聞持其聞積集故。三者具足無畏，法不傾動，復何所畏，於剎帝利大眾等中，聲不嘶破，汗不流腋，念無忘故。四者言詞善巧，語工圓滿八分成就故。五者法隨法行，不唯聽聞語言為極故。六者威儀具足，說正法時手足不亂故。八者勇猛精進，聞未聞法常樂不疲故。九者說法無厭，常為四眾廣長宣說故。十者具足忍力，訶責輕懱不報不戚故。若為師者，具有知見，能如顯揚十事而行，則能使人踴躍歡喜，則能使人有所悔悟，則能使人當下發心，則能使人即贖慧命。

師道四

師體曰慧，所謂知見；師道曰悲，所謂為人之學。充人之量，天地合其德，日月合其明，四時合其序，神鬼合其吉凶；天地不隅，日月無依，四時不拘，鬼神無私；合天之人，復禮克己；是故學亦是為人之學，教亦是為人之教，師亦是為人之師。是故教人。

《大學》曰：「古人欲明明德於天下者，教人為仁之方曰：己欲立而立人，己欲達而達人；一言而可以終身行之，曰其恕乎，己所不欲弗施於人。孔家師道有如此者。」

胎、卵、濕、化、色、想，有無及與俱非，我皆令入無餘涅槃而滅度之，無或人、我、眾生、壽者，盡未來際利樂有情。發心以前，舉足下足，當願眾生；發心以後，展轉善根，回向眾生。必使眾生無慳無貪，必使眾生慈悲喜捨，必使眾生佛之知見，必使眾生放大光明。眾生廣大至何境界，修證淺深至何位次，眾生盡佛己乃是佛，眾生是棄是為自棄，是故種姓初殖止是眾生，極果終圓止是眾生。三世諸佛為師之道有如此者。

道之不明也，自私自利以為學，攘奪壓迫以為政，而其所以為師者，解惑授業而已，有何道之能傳？而其所以為業者，衣食住為業，發展維持強權為業，物質為業，人生日用支配為業。而其所以解惑者，解其業所不通而已。今夫數十周寒暑，數千年史事，數萬里方軌，數千百群團體，誠不足宥人之思，充人之量。天地之大也，人猶有所憾，孔家此言，何曾六合以外置而不議者哉？因果範圍伊誰能立，而必展轉根據不許超逾！以是而學，以是而教，盡大地人滔滔皆是。往哲有言：師道立則善人多，善人多則國理。蓋自自私自利之學興，攘奪壓迫之政行，而師道亡矣！

闢謬五

不得已而立教，不得已而制學，不得已而作師，皆非本然，無非方便。律不許說出家過，何以涅槃維持比丘付諸國王、大臣、長者、居士？佛法寄於聲聞，何以涅槃大經獨付囑諸菩薩？修行必離闠芮，何以《維摩詰經》：父母不許出家，發菩提心即是出家？羯磨凜遵無違，何以《善戒經》中：像前受戒，得果成佛，同歸一致？法通而窒之奈何，法廣大而隘之奈何，法超而範圍之奈何，法唯一不二而歧之奈何，法有其意而跡眾求之奈何。非僧不許為師，非出家不許為僧，種種封畦，創為異議，執之不移，遂使大教日即式微陵夷，至於今日也。嗟乎寃哉！當揭至教，開示群迷。

一、唯許聲聞為僧，謬也。《摩訶般若波羅蜜經》云：我得阿耨多羅三藐三菩提時，以無量阿僧祇聲聞為僧。又云：我當以無量阿僧祇菩薩摩訶薩為僧。龍樹《智論》釋云：釋迦文尼佛千二百五十比丘為僧，無別菩薩僧，彌勒菩薩、文殊師利菩薩等以無別僧故，入聲聞僧中次第坐；有佛為一乘說法，純以菩薩為僧；有佛聲聞、菩薩雜以為僧，如阿彌陀佛國菩薩僧多，聲聞僧少。按此經論有菩薩僧，有聲聞僧，有聲聞、菩薩雜僧，非唯許聲聞為僧。釋迦會上無別立菩薩僧，然次第入中坐，則亦僧類而已。又《首楞嚴》三卷：釋迦於一燈明國無有聲聞、辟支佛名，但有菩薩僧。是則釋迦會上唯聲聞僧，亦不可得而執矣。

二、居士非僧類，謬也。《法苑義林章》有一類師引《十輪經》：若有成就別解脫戒真善異生，乃至具足世間正見，彼由記說變現力故，能廣為他宣說開示諸聖道法，名最下品示道沙門。而釋之云：依彼經說真善異生持別解戒，具足正見，說聖道法名為示道，真實三寶通異生類。其有異乎此者，則駁之云：內理無諍，外事和合，可名僧寶；設非沙門，而仕聖道理無諍故，得名僧寶，與諸沙門種類同故；其非沙門，但住戒見，於理非和，云何名僧？按此經論，居士雖非正僧，而得許為僧類，諸師皆同，但後師主得果居士，前師則主正見居士，稍有區別而已。然《涅槃》第六：聲聞之人雖有天眼，故名肉眼；學大乘者雖有肉眼，乃名佛眼；則知我佛所重乃又在於正見也。正見所披，雖非無漏，隨順無漏，趨向無漏，是亦無漏。是故有人出世具煩惱性，與四沙門果同列四人，佛勸迦葉捨命供禮。見《大涅槃經》第六卷。

三、居士全俗，謬也。異俗為乘，三乘者菩薩、緣覺、聲聞也。在家居士授菩薩戒，發菩提心，六度四攝，雖非入地，稱菩薩乘。《報恩經》中：鹿女夫人、五百太子修道得果，不從師受名為獨覺，有多同行名為部行，如上二界六欲天等，二果四果無出家像，此為居士稱獨覺乘。《雜阿含經》三十三：在家得三果。《優婆塞戒經》：優婆塞得三果。《俱舍雜心》，比丘尼得二果，四眾得四沙門果，然值無佛世亦在家得四果。《俱舍》二十三：預流至七有逢無佛法時，彼在居家阿羅漢果，既得果已必不住家，法爾自得苾芻形相。《大智度論》四卷：四眾盡漏通名聲聞。此為居士稱聲聞乘。按此經論，大小俱許在家三乘，豈其披剃缺緣，但認跡行，屏為全俗。

四、居士非福田，謬也。智者疏《梵網》第四十三：無慚受施戒，在家未當田任未制，執不知權，遂謂居士絕對不田，不應化緣。然《首楞嚴經》：文殊答言，有十法行名為福田，如須菩提無諍三昧，為諸聲聞、辟支佛中，第一福田；能十法行，佛菩薩中第一福田。《集一切福德三昧經》：若善男子、善女子欲集一切諸福德者，當發無上正真道心，有初發菩提心者，則能得一切福德三昧，三法布施四法布施，持百福相為大福田，養育一切諸眾生等。《法苑義林》：異生戒見，能生物利，是真福田，非真寶攝，無聖道故，福田義廣，寶義局故；維摩居士，妙香世界分衛佛食，還作佛事；勝軍居士，德重智高，時人不敢斥，尊德號曰抱跋迦，此云食邑，以其學業有餘理當食邑。按此經論，在家發菩提心是大福田，在家戒見亦真福田，在家弘法理應得食，云何居士不為福田，不應化緣？

五、在家無師範，謬也。智者大師為護比丘住持，權說在家無師範義。若遂執為真實，則有自教相違過。《梵網》卷下：第十八無解作師戒，第四十揀擇受戒戒，第四十一為利作師戒。智者所疏：三眾在家無師範義不為彼制。然義寂不許，俱據「纓絡」夫婦六親互相為師，並及其理辨駁無餘。著述俱在，是故有過。晉譯《華嚴》、魏譯《十地經論》：菩薩常生是心，我當於一切眾生中為師為尊，而下文乃說若欲捨家云云。又說：菩薩於一切眾生生師心、大師心，眾生常為無明所覆，我應令彼無障淨慧。《瑜伽師地》：善男子，善女人，乃於末劫濁世眾生發菩提心，令此有情隨學於我。《唯識述記》：世親時人有火辨者，形雖隱俗而道高真侶，釋此本頌稱十論師；勝軍居士亦稱論師。按此經論，非唯比丘乃即稱師，居士雖賢必不可師。

六、白衣不當說法，謬也。白衣高坐，比丘下立，不合儀式。若非高坐，云何不可說法？釋迦會上，眾多在家宣助闡揚，佛時讚歎。云何白衣不當說法？王舍城中，颰陀婆羅善守十六而皆住家，毗耶離中寶積王子，瞻波國中星得長者子，舍婆提國導師居士，彌梯羅國那羅達婆羅門，是諸白衣，非為持一佛法輪故發無上心，乃至非為持不可說三千微塵佛法輪故，發無上心，盡教一切十方眾生，說法無希望，巧說因緣法，無數億劫說法巧出，《大智度論》歷歷詳敘，處處經中不少此類，皆足取據。云何白衣不當說法？智者大師疏《梵網經》，於四十六說法不如法戒中言：在家不全為法主，止說一句一偈，不如法亦犯。諸不善讀，執而不通，謬倡奮言：在家白衣於法止說一句一偈，非為法主不可說法。三藏十二部遂錮一隅，漸積陵夷，誰之過歟？

七、在家不可閱戒，謬也。《瑜伽師地論》四十即《善戒經》、《地持論》同本，言：或是在家，或是出家，先於無上正等菩提發弘願已，當審訪求同法菩薩羯磨受戒，如是菩薩，若在家品，若出家品，往律儀戒，有其四種他勝處法、四十三種有所違犯。其第二十五不許學小戒：若諸菩薩安住菩薩淨戒律儀，起如是見，立如是論，菩薩不應聲聽聞乘相應法教，不應受持，不應修學，菩薩何用於聲聞乘相應法教，聽聞受持精勤修學？是名有犯有所違越是染違犯。又第八戒：如薄伽梵於別解脫毗奈耶中，將護他故建立遮罪，制諸聲聞令不作，菩薩於中應等修學無有差別。聖典煌煌，人應學小，奈何在家發菩提心受菩薩戒，不應詳閱比丘戒律？有古大德發如是論：在家閱戒，於小為犯，然若精熟，用化有情，雖有違犯，淨而非染，如是清淨，犯亦無礙。是等圓通，最堪崇敬，吾於密部，亦如所云。

八、比丘不可就居士學，謬也。《瑜伽師地》八十九：復次，心清淨苾芻有五種法，多有所作；一正教授，謂有三種正友所顯，一者大師，二者軌範尊重，三者同梵行者及住內法在家英叡，如是名為三種正友，諸有志者從彼應求，積集善門真正教授。《華嚴．入法界品》稱善知識，比丘五人，尼一人，長者十一人，優婆夷四人，婆羅門二人，童子四人，童女二人，女二人，王二人，夫人一人，仙人一人，外道一人，船師一人，神十人，天一人，菩薩五人，一一請求，殷重授受。云何比丘不可就居士求學？觀音六字大明，傳於居士；舍利弗等不二法門，聞於文殊及維摩詰；玄奘法師唯識法門，五天獨步，此土創垂，然其就學乃在勝軍居士一年有餘，載慈恩傳可細披尋。云何比丘逞其封固，棄甘露味，自絕生途？尚慎旃哉！慧命摧殘，何嗟及矣！

九、比丘絕對不禮拜，謬也。《涅槃》第六：佛告迦葉，若有建立護持正法如是四人，當捨身命而供養之，即為說偈：有知法者若老若少，故應供養恭敬禮拜，猶如事火婆羅門等，亦如諸天奉事帝釋。迦葉問言：若護戒長宿從於年少，若護戒年少從破戒長，若出家人從在家人，禮則犯戒，不禮諸人此偈虛妄。佛告迦葉：善男子，我為未來諸菩薩等，學大乘者說如是偈，不為聲聞弟子說也。是故《華嚴．入法界品》：求菩薩行不問僧俗，既聞法已頭面禮足，繞無數匝辭退南行。是故德光論師求法睹史見彌勒尊，非聲聞像而不禮拜，終不得聞。比丘不拜天子，理也；比丘不拜善知識，非理也。必執一說而固守之，亦小乘人毫無悲心而已。

十、比丘不可與居士敘次，謬也。《大智度論》：釋迦會上不別立菩薩僧，菩薩入聲聞中次坐。

《梵網》第三十八：乘尊卑次第戒，先受戒者在前座，後受戒者次第而坐。義寂法師註敘三義：一師但受菩薩戒為次第，二師未受菩薩戒比丘坐菩薩下，若受比丘依舊夏不依新定，三師不問聲聞菩薩差別，但先受戒即在前坐，文殊彌勒入聲聞眾次第坐故。然太賢謂和尚云：據實菩薩雖是在家，坐於聲聞大僧之上。如《阿闍世王經》云：文殊云：迦葉上坐，以耆年故（三義）。迦葉讓言：我等在後，菩薩尊故（一義）。舍利弗云：我等亦尊，已發無上心故（二義）。迦葉云：菩薩年尊，久發心故（一義），故文殊所將二千在家在前而住，迦葉等五百聲聞在後而坐。又《阿闍世王經》：迦葉與五百比丘入城分衛，過候文殊，文殊著衣，謂：迦葉前行我今從後；迦葉、文殊辨論要義，卒復文殊在前，諸在家菩薩隨中，聲聞悉從在後，便俱向道。按此論經，諸所爭者在前在後而已，豈謂出家在家，不可入中，不應敘次。

上來諸謬，就居士品邊合併而觀，非僧類，非三乘，非福田，非師範，不應說法，不應閱戒，乃至不可入比丘中行坐敘次；但應奉事唯謹，一如奴僕之事主人，壓迫不平等，乃至波及慧命，而為居士者謙退又退無所容於天地。嗟乎悲哉！形情若此，遑異清超特達行毗盧頂，幹大丈夫不可思議，不可一世作佛大事！就比丘品邊合併而觀，不廣就學，不拜善知識，不與人同群，間有參訪如不得已，忍而獲求行將速去，外順同行中懷慢志。嗟乎誒哉！買菜乎，求益也，攫金乎，宋人之盜市也。佛法封於一隅，一隅又復自愚，顓慢日熾，知識日微，又烏能續法王事，作諸功德，盡未來際？迫不得已，發沉痛語，應亟醒迷，幡然易趣，不應生誤，謂虐謂鄙。

哀亡六

君所不臣於其臣者，當其為師則弗臣也。大學之禮，雖詔於天子無北面，釋奠於先聖先師天子北面拜。事師無犯無隱，左右就養無方，服勤至死，心喪三年。顏淵死，子曰：天喪予，車以為槨。子路死，子曰：天祝予，食遂廢醢。孔子歿，三年之外，門人治任將歸，相嚮而哭，皆失聲，子貢築場獨居三年，然後歸。數千餘年至於趙宋，楊時事程頤，入室，頤假寐，時侍移晷，門外雪深三尺矣。由是觀之，師之尊也，師弟之際，情之至也；義之盡也，骨肉之無逾也。以是嚴厲，以是精神，以是懇悃，雖造天地，鑄宇宙，不難也。楚元王禮師設醴，王戊即位忘設焉，穆生退曰：王之意怠，不去將鉗我。已而申公白生果胥靡，衣赭衣，杵臼碓舂於市。嗟乎冤哉！師無其道，猴沐而冠，潮流所趨，又易以藝，梓匠輪輿，計功而食，販夫鬻婦之場，叫囂鬥爭不止，陵夷至於今日也，尚何言哉，尚何言哉！

孔氏世間學，人道義。天地者人生之本也，先祖者人類之本也，君師者人治之本也。故禮有三本，上事天，下事地，尊先祖而隆君師。佛則不然，世出世學不獨一道，有色無色，有想無想，及與俱非，我皆令入無餘涅槃而滅度之，故唯一本，謂天人師。慧命者，天地所不能生也。無漏者，先祖從無其類也。無礙者，君師所不能治也。從佛口生，從法化生，故止一師，非尋常師，斷臂焚身無與其恩，繼志述事，乃稱佛子。故夫學人止有誓願，止有求善知識，止有念念眾生，阿耨多羅三藐三菩提心；師以是貽資，資復以此貽資，今也不然，師不必賢，弟不必學，唯衣食住以續以嗣，養父假子雲礽有世。大廈已傾，言亦曷濟，悠悠蒼天，奈之何哉！

釋悲訓第二

體相一

悲者，法爾如是，自然而具，現成不求，固有不後，盡人能由，而不知其所由。有悲者有情，無悲者頑冥不靈；有悲者含識，無悲者木石，無想外道無六識，不害心法長夜淪失。有悲者有用，無悲者無功德；有悲者有生趣，無悲者焦芽敗種，萬溉不殖。有悲者不住涅槃，無悲者沉空趣寂，斷滅而醒醉。法界之所成，世界之所成，一悲之流行而已矣。智者隱也，悲者顯也。隱固須研索，研索而有得則樂；顯不待研索，證而得，不證而研索，終日暌隔。談虎而色變，固有異乎眾人之所畏者矣！請言其相：有悲惻，有悲切，有悲迫，有悲悽。

何謂悲惻？天氣上騰，地氣下降，天地不通，閉塞而成冬；疾雷動，震驚百里，百穀草木皆甲坼；悲亦如是，一惻然，而天地萬物之情，周洽旁皇，淪肌浹髓矣！足奚不語，頭奚不履，百骸五官，各封其域，老死不往來，終古不相襲；然有脈絡，速於置郵，捷於響應，牽一髮而全身動，針一孔而周身痛，病一目而充滿其身，若無所容，未乃謂之一體一身一人；悲亦如是，父子不同財，夫婦兄弟分崩離析，何況路人異國？凶年饑，人相食，何況禽犢？一惻然，而我人眾生痛癢休戚，咸歸一致，達乎百為，貫乎萬事！天地以合，日月以明；四時以序，星辰以行；江河以流，萬物以昌；蠕動蜎蠉，草木金石，有情無情，以順以祥。悲惻之為用也，豈不大哉！

何謂悲切？躃踊如儀，五月居廬，而不見其瘠。三視兄子疾而帖然竟夕；禮非不善也，執祖益其慢也。心脾之痛，纏而愈纏，無隙而他容，無情而異用，如箭而的趨也，如錐而下入也，三軍環列而無視也，赴蹈湯火而不知也，故唯悲也，有是切也。《地藏本願經》：婆羅門女，以母崇邪，時已命終，悼必隨業。晝夜哀戀，遂賣家宅，廣興供養，禮覺華定自在王像，自傷悲念：佛一切智今日若在，必告母所。垂泣纏戀久不能已，忽聞空言：念爾踰常，告爾母處。女則舉身投擈，支節損折，蘇甦有覺，讀聞空言：爾但返舍，端坐思惟覺華名號。女如教行，一日一夜，忽到業海，諗母出獄。此業海者，二事乃到，一者菩薩悲力，二者眾生業力。此之所謂切也。《大智度論》：阿育王弟韋陀輸王，王閻浮堤上妙五欲。七日過已，阿育問言：所樂暢不？答言：不見不聞不覺，何以故？旃陀羅日日振鈴，唱七日過汝當就死，我聞是聲，雖王閻浮上妙五欲，憂苦深故不見不聞不覺。此之所謂切也。

何謂悲迫？空之至也，大地平陸不得不沉。大浸之稽天也，九州下民不得不墊，劫火之兆也，金石不得不流，土山不得不焦。不風之揚也，巨木百圍不得不於喁，海不得不飛，山不得不移。悲之迫也，身命不得不施，人我眾生不得不夷，大位大富貴不得不棄。境亦為之奪，人亦為之奪。世界三千，動起踊震吼擊，六種十八相震動，是故那羅延力，不如業力，業力不如願力。願力能有威力，由於悲力。

何謂悲悽？與樂之謂慈，拔苦之謂悲。苦何謂拔，悽之象不可一息留者也。萬物自由暢遂，由有生意，生由於緣，緣由於集，集由於相應不相違。需火而冰至，需水而熱至，需空而塞至，需明而暗至，需盛而衰至，需稱而譏至，生意索然，而自由剝矣。萬緣相違乃至法界全違，斯苦之至矣。差重而極無間阿鼻，差輕而極天下不如意事，皆悽之象一息而不可留者也。然而生意暢遂，集苦之媒，生必有死，黑暗其妹，光明其姊。是故菩薩知苦之來，得苦之實，亦以為至悽之象一息而不可留者也。是故拔苦之道不曰生意，而曰平等平等遍一切一昧；不曰暢遂，而曰涅槃靜寂。悲之流行也，孔家得其惻，墨家道家得其切，唯悽與迫誰亦不能得。尊之而大之，又復不可思議者，菩薩行也。

悲之體相如是，一產生妙有至強有力之母而已矣。悲然後有眾生，有眾生然後有阿耨多羅三藐三菩提心，有阿耨多羅三藐三菩提心然後有大乘，有大乘然後有六度四攝，有六度四攝然後有一切智智，有一切智智然後有諸所分別。如或不然，悲則無有而諸所分別，則無源之流也，無根之木也，無的之矢也，無果之芽也，禽犢之言也，兒戲之行也，君子不貴也，有心人之所傷也。是故如來，若有請問菩薩菩提誰所建立，皆正答言：菩薩菩提悲所建立（《瑜伽》四十四）。是故菩提心為因，方便為究竟，而大悲為根本（《大日經》一卷）。是故大悲是一切諸佛菩薩功德之根本，是般若之母諸佛祖母，菩薩以大悲得般若，以般若得作佛（《大智度論》二十）。

差量二

有血氣之屬必有知，有知之屬必有悲。大鳥獸喪其群匹，越月逾時，反巡過故鄉，翔回焉，鳴號焉，躑躅焉，踟躕焉，然後乃能去之；小者至於燕雀，猶有啁噍之頃焉，然後乃能去之，此悲之發乎鳥獸者也！喪群落魄，冤幽孤孽，親亡戚離，國隕家索，變徵風騷，天地闇色，此悲之發乎人者也！凡若此者，局於一身，止於當境，以悲還悲，隨順天然者是也；不局於一身，不止於當境，一身之外必及其他，當境之餘乃有施設，匪獨陶寫，匪任喪頹，極其莊嚴，盡其神力，則出世聖人一絕大事。

《三昧海經》：悲者見眾受苦，如箭入心，如破眼目，心極悲苦，遍體雨血，而欲拔之。如此悲者有百億門，廣說如「大悲三昧」。玆總略說，有三種悲，如《無盡意問經》：一眾生緣悲，二法緣悲，三無緣悲。眾生緣悲者，以悲相應，恚恨怨惱一切都無，廣大無量善修其心，遍滿四維上下十方世界眾生，名眾生緣。是等多在凡夫行處，或有學人漏未盡行。法緣悲者：破我相一異，但因緣續，生諸苦蘊，其法原空，眾生不知而欲除苦，愍之令除，為俗法故名為法緣。是等多在漏盡羅漢辟支佛行。無緣悲者：不往有無為，不依過現未，心無所緣，緣自不實，眾生無知分別捨取，乃以智慧令知法相，是名無緣。是等悲相但諸佛有。如給貧人，有是三等財寶真珠，三緣差量應如是取。

《大智度論》：四無量悲名小，十八不共法悲乃名大。餘人心中悲名小，佛心中悲名大。菩薩之悲視佛為小，視二乘為大。小悲觀眾生種種身苦心苦，憐愍而已不能令脫，大悲憐愍而能令脫。遍滿十方三世乃至昆蟲，非徹骨髓心不捨離，墮眾惡道一一代苦，得脫苦已欲樂禪樂悉令滿足，比佛大悲千萬分中不及其一。何以故？世間苦樂欺誑不實，不離生死故。《智論》又言：大慈大悲乃不應如迦旃延法分別求相，諸師取用迦旃延法分別顯示，不應信受。迦旃延言：大慈大悲一切智慧是有漏法、繫法、世法。是事不爾，大慈大悲是為一切佛法根本。示何乃言是有漏法、繫法、世法？雖有難言：佛法本乎悲，如蓮出淤泥。然無礙解智一切法淨，一切習盡悲亦應淨。雖有難言：慈悲不能離眾生想。然唯羅漢不得眾生相取相而生悲，佛不思議，不得眾生相不取而生悲。雖有難言：無漏淨智不緣一切，唯有漏緣。然非佛說，迦旃延說，有漏緣假，無漏緣真，故唯無漏方緣一切。略述經論，了然朗然，不俟疏釋，抉擇取最，循而行之，是在有智。

威力三上

天下非人情，逾常理，最不可索解者：捨身飼虎，大地震動，二事。身至寶也，捨至輕也，虎至殘也，飼至奉也，輕其寶而奉於殘惑之甚。絕誕，不可以訓。至堅者大地，至脆者震動，乃堅而脆用，地厚載物，藐焉一身，渾然中處，烏獲舉千鈞不能舉其身，一人發願而大地震。絕誕，不可以訓。然而釋迦行之矣，然而行之而釋迦矣。其要奈何哉？曰：此大悲之威力也。常見者不知也，貳偷者不能也，無悲者不足與談也。然而有情多悲，願與談捨身飼虎義。略舉十義：

一者，捨身飼虎義是唯一義。殺身以成仁，捨生而取義，一舉以為重，道退而為輕。若舉鴻毛，泰山可輕，若舉蟬翼，千鈞可輕。以珠彈雀，以子治味，以國以頭顱以名以業博嬉，不問其誰何，然能趨於一。此之所謂一者，拔眾生苦而已矣。

二者，捨身飼虎義是決定義。身者危脆決定不可留，不捨於今，必捨於後，不捨於功德，必捨於死魔。虎者有情，決定依食住，強時自飼，羸時他飼，有物物飼，無物身飼，物勢屈飼，菩薩宏願飼；眾生苦決定拔，無漏無苦，涅槃無苦，無漏其軌，涅槃其鄉。先其煩惱，次其寂靜。

三者，捨身飼虎義是至極義。施王位，施妻子，乃至施腦髓心脾，是為施輪之極，身以外無以加於其所愛也。與有德與旃陀羅，乃至與虎狼惡獸，是為受輪之極，虎以外無有加於其所不愛也。皮船渡海，沉於一孔，千仞之堤，潰於一蟻，建立者不留隙，君子無所不用其極。中庸者至善，至善者事理當然之極，曰擴充，曰致，曰建極，亦何嘗極端為害模稜中庸哉！

四者，捨身飼虎義是快足義。俠士復仇，所志遂，所求得，死而含笑。菩薩拔眾生苦，眾生苦拔而快，菩薩自不得不快。眾生快而足，菩薩之快自不得不足。菩薩無自樂，以他樂為自樂故。

五者，捨身飼虎義是無礙義。計較一礙，躊躇一礙，恐怖一礙，我愛一礙，深惡一礙，他阻一礙，無助一礙，癡悃一礙，捨身飼虎，諸凡障礙一切皆除。

六者，捨身飼虎是不撓義。勝己不撓，能忍不撓。且談能忍，大象入陣，直衝不縮，能忍鼓聲、螺聲、角聲、大叫喚聲，能忍寒熱、蚊蝱、毒蝱、風雨、饑渴，能忍鋒鏑、弓弩、箭矟、戟劍、刀銔，如是能忍則為有力超勝一切。則可以語捨身飼虎事。

七者，捨身飼虎義是平等義。自他不等，人畜不等，恩殘不等，順逆不等，受拒不等，生死不等，有空不等，捨身飼虎一切平等。

八者，捨身飼虎義但顧自義。但顧自義，不問福田不福田故。又但顧他義，但顧他苦，不問堪任，不堪任故。

九者，捨身飼虎義是驀直義。驀直是現量，是本真，習成莽，非滅裂。何以故，願夙植故，悲所驅故，精審於他日故。

十者，捨身飼虎義是非鹵義。其力已充，其念能舉，其行能致，不於一佛二佛乃至已曾供養百千萬億諸佛故。

略敘十義，舉之而無上，揮之而無旁，敵之而無當，對之而無將，任其所行，恣肆縱橫，威力之至，有如此哉。悲之至，於捨身飼虎也，豈不威哉。有捨身飼虎之精神，然後乃有為人之學。

捨身飼虎，陳義如是，大地震動應續而談。妙善唯識，了知大地震動義是法爾義，非奇特義。見分挾相，識識交網，此一義也，本乎斯義，則如自所於能為挾帶相分，大地必為之變易；此所於彼所為增上相分，大地亦為之震動。

成住壞空，唯心所現，心淨土淨，此一義也。本乎斯義，則知吾願若滿而應有大地必見創成，吾願正發而已有大地固應震動。

妙善唯識奧義絡繹，不能備舉，但取足喻。威力之差，一者無情有情，有情刺激飛鳥哀鳴，大獸狂趨，無情刺激大地震動。二者堅固流行，流行感變天地昏黃，災雹冤霜，堅固感變大地震動。三者全體一分，一分暴露，鄧林旋沒，蘇迷裂帛，全體暴露大地震動。盛力至於大地震動，無論有情無情，堅固流行，全體一分，斯亦絕對決定之至者矣。大悲威力非獨二事，諸佛菩薩種種威力非獨大悲，不及其餘，亦足以觀而請止。

威力三下

威力義略陳一二，威力事不應缺如。十二部經本事本生，雖不勝詳，然應述略。發願以後，悲為先驅，捨身有力；入地以還，悲則增上，眾生能等。故應多聞薰習，長養種姓，振起悲願，自在縱橫。爰錄藏中十有二事：菩薩人中捨身四事，為畜捨身敘其三事，菩薩畜中捨身四事，菩薩忍辱敘其一事。捨身固難，忍辱波羅蜜實為最難。

乃往過去，羅閱國王持七日糧，微服孤行，避難鄰國。還復入宮，抱太子須闍提膝上。夫人怪王神情離喪。王曰：「汝不知耶，羅睺大臣殺我父兄，深仇即至，速行鄰國。」向鄰有二道，王初孤往擬七日道，三入荒迷入十四日道。道迂遠險難，無水草，食盡，無可奈何。王不欲併死無益，設方便，拔刀趨夫人。太子謂王：「何處有子噉於母肉？應以子肉濟父母命。然不可殺食，易腐臭耳，應日割三斤，二分父母，一分自支。」肉且盡而道未達，又復淨括餘殘，於是太子獨不得前。

新肉香，蚊蟲唼食遍體，太子忍楚，發聲誓願：宿殃此盡，後不復造，今以此身供養父母濟其所重，願我父母得十一福；又以餘身施諸蚊蝱，皆使飽滿，我作佛時，願以法食除汝饑渴生死重病。發誓願時，天地六種震動，日無精光，禽獸馳走，須彌山王踊沒低昂，忉利諸天皆亦大撼。帝釋下化師子虎狼，張目裂眥騰吼而來，太子微聲而言：欲食便食，何為作態？帝釋謝解而問其願。太子答言：我亦不願生天作梵，願求無上正真之道，度脫一切眾生。假使熱鐵輪在我頂上旋，終不以此苦退於無上道，所言不妄，身體如本，血反白乳，即時如言潰身平復。此為菩薩人中割肉救父母事。

乃往過去，賈客眾行，夜迷邪徑，無依無歸，誰與光明，若天若神，外道仙人，於空林大澤草菴中住，聞是悲喚，而作是言：若我不救，虎狼師子、大象野牛、心惱彼聲來奪彼命，遂報之言：「汝等毋乎，須臾光明！」疾以氎衣纏裹兩臂，以油遍灌，以火燃之，光明徹林。時彼賈客甚為希有，時彼仙人悲心轉增，乃大發願：願得阿耨多羅三藐三菩提時，邪道眾生為作法明示正道行。賈客天明趨視仙人，仙人以淨施因緣故，兩臂平復，瘡瘢都無。此為菩薩人中焚臂救賈客事。

乃往過去，佛為大力國王，設大施會，金銀、寶物、奴婢、象馬，恣人需求。提婆達多時為帝釋，化婆羅門來破彼施，不乞餘物，但乞身分。王知是事，語婆羅門，與汝身分，截取持去。婆羅門言：「得無悔耶？」王言：「不悔，四方來集悉應足令！」婆羅門言：「令我一人，尚不充足，何論四方？王欺人哉！」王即以刀自割其臂，與婆羅門，當割臂時，心平無異，以能棄捨一切法故，臂自平復。於是調達福盡，應墮阿鼻。如來威神之力，調達第一不知恩義，臨獄聞言：癡人調達瞋恚於佛，橫起殺業，今當墮於阿鼻地獄。即時大怖，深生親好，作大聲言：我今惟以骨肉一心歸命於佛！心即得樂，以是因緣，調達出獄，得生人中，出家學道，得辟支佛，號曰「骨髓」。此為菩薩人中割臂勝施障事。

乃往過去，不流沙城，饑饉疫行。時王亦病，夫人拔摩因出祠天。時有產婦，饑虛欲死，念無餘計，唯有噉兒，心極悲感，舉聲大哭。夫人過而聞聲，既傷慘切，就舍而求得其情，倍復悼愍，語彼婦言：「莫殺其子，我到宮中，當送爾食。」婦人答言：「夫人尊貴，或復稽忘，我命呼吸，不踰時節。」於是夫人便取利刀，自割其乳，便自願言：「今我以乳，持用布施，濟此危厄，不願轉輪天帝魔梵，願求無上正真之道，度脫一切眾生苦厄。」即便持乳與彼婦人，適欲舉刀，再割一乳，應時三千大千世界為大震動，諸天宮殿皆悉動搖，無數諸天虛空悲泣，淚如盛雨。天帝問願，夫人即誓：今我所施功德審諦成正覺者，乳當如故。即時如言，乳處平復。此為菩薩人中割乳救噉兒事。

乃往過去，尸毗國王得歸命救護陀羅尼，精進慈悲，視一切眾生如母愛子。時世無佛，釋提桓因處處問難，不得斷疑，憂傷愁煩，沉索而處。毗首羯磨告有尸毗不久作佛，二天遂下欲觀其真。毗首變鴿，帝釋變鷹，鷹急逐鴿，鴿入王腋，舉身戰栗，動眼促聲。鷹在樹言：「還我所受。」尸毗抗言：「我先受此，我切發意時受一切眾生而欲度之。」鷹言：「我非一切耶？而奪我食。」王言：「相當給食。」鷹言：「須新殺熱肉。」王念：「殺一與一，何如割肉相易。」乃刲股持與。

鷹言：「輕重勿欺。」王言：「便持稱來。」以肉對鴿，轉展不準。王割二股、兩踹、兩髖、兩乳、頸脊，次第肉盡，鴿重肉輕。王雖潰模糊，欲入觀觸，敕勿安幔，攀稱而上，肉盡筋斷，不能自制，上而還墮，乃自責言：「汝當自堅，奈何迷悶，一切眾生，憂苦大海，汝今一人誓欲渡盡，此苦甚少，地獄苦多，以此相比，於十六分猶不及一。汝今獲有智慧、精進、持戒、禪定，猶患此苦，何解獄中無智慧者？」王更攀稱，語人扶上，即時天地六種震動，大海波揚，枯樹華生，大降香雨，西女歌詠，鷹鴿還形，至心歸命，偈讚菩薩必得成佛。王心不瞋，潰身平復。此為菩薩人中割肉救鴿事。

乃往過去，王子三人，波羅、提婆，及與薩埵，遊賞山林。波羅心念：今日怵惕，將無及難。提婆心念：身無足吝，愛別離苦，更復前行。果遇母虎，產生七子，才經七日，諸子圍繞，饑羸將死。波羅乃言：「哀哉此虎，必噉其子。」提婆乃言：「倉卒無求，唯有捨身。」波羅復言：「一切難捨，無過己身。」薩埵乃言：「當懷悲利濟，空百千生，爛棄何益？」各起慈心，悽愴傷懷，熟視徘徊，久之而去。爾時薩埵便作是念：「我捨身命，今正是時。觀身不堅，於我無益，如賊可懼。若捨此身，則捨無量癰疽惡疾，百千怖畏，是身唯有大小便利，如泡蟲集，血脈筋骨，節節連持，甚堪厭棄。我於今日，當使此身修廣大業，於生死海作大舟航，棄捨沉淪，長夜出離。我今應求究竟涅槃無上菩提，定慧薰修福德嚴密，獲微妙身成一切智，拔眾生苦海法樂無極！爾時薩埵大勇弘誓，悲心轉增，更慮兄懼，方便遣離，獨至虎所，脫衣竹上，委身臥就，慈悲威勢，虎無能為力。」即上高山，投身於地，復為神仙接足無失，即起求刀，又不能得。乃設方便，乾竹刺頸，血湧淋漓，徐近虎邊，虎遂得食。是時大地六種震動，如風激水，日無精明，如羅睺障，天雨華香，繽紛墮墜，父母二兒，哀慟逾常，收殘起塔。此為菩薩人中捨身飼虎事。

乃往過去，寶燈焰佛時，有千童子發菩提心，死為千梵王。復因辟支佛足現文字十二因緣禪思證果，又發大願作佛度人，過此辟支百千萬倍，死為千聖輪王。千聖輪王至是修施，天樂、天女、國家、王位，一切捨棄，入雪山學道。各立草菴，端坐思惟，發弘誓願：當度一切而求無上。宿世報故，山神供果，五通騰虛，壽命一劫。時雪山中有大夜叉，身長四十里，狗牙上出高八十里，面十二眼，眼出迸血光過鎔銅，持劍持叉住聖王前，高聲唱言：「我今大饑渴。」千王施果，夜叉怒詈：「我父夜叉噉人精氣，我母羅剎噉心飲血，速施心血來。」千王躊躇。夜叉為之偈言：「觀心無相四大所成，一切悉捨應菩薩行。」時雪山中有婆羅門名牢度跋提，與聞此偈，獨至其前，白夜叉言：「唯願大師為我說法，不惜心血。」乃脫單衣敷為高座，請夜叉偈，夜叉偈言：「求無上道，受割截苦，能忍如地，不見受者；心不悔悕，普濟饑渴，如救頭然，應菩薩行。」牢度跋提聞已，踴躍歡喜，將出心血，持劍刺胸。地神止之。牢度偈言：「幻焰隨滅，響已不更，四大五蘊，勢不久停，千萬億歲，未為法死，勿障勝慧，成佛度汝。」於是以劍刺頸，施夜叉血，提復破胸，出心與之。是時天地大動，日失精光，無雲而雷，有五夜叉從四方來，競裂食之，食已叫躍空中，而告王言：「誰能行施如牢度跋提，乃可成佛。」千王怖退，夜叉又為之說偈，乃默然住。此為菩薩人中出心飼夜叉事。

乃往過去，雪山王邊有五百群象，中一最大，禮貌可愛，多力多智，以為其主。高山險難，唯有一道。爾時獵師見此群象，夜於險處大作坑坎，朝遂驅逐向坑陷之。象見大坑徘徊無計。時大象王急極智生，捨身橫坑，趁力作橋，五百群象，大踏其脊，次第而過。最後力盡，有一未渡，勢將墮墜，急持忍痛，遂得安濟。象王心喜，作勢踊跳，入其群聚。此為菩薩畜中捨身殉群事。

乃往過去，鹿百為群，隨逐美草，侵入人邑，國王出獵，遂各分迸，鹿母懷妊，饑疲失侶，遂生二子，煢悸墮弶，悲鳴不已。獵師見而心喜，鹿乃稽首陳言：「即生二子，矇矇始視，未知東西，乞假須臾，將至水草，使得生活，旋來就死，不失信誓。」獵師驚怪不許，鹿說偈言：「不能林藪，人弶應死，何惜腥身，但憐二子，雖昧人義，奈何虛偽，恩放不還，罪甚五逆？」獵師悚然，乃自歎言：可以人而不如鹿乎，癡貪欺殘，胡乃若是？便前解弶放鹿。於是鹿母至其子前，低頭吟舐，示好水草，一悲一喜，而說偈言：努力自活，世無久合，誤墮獵手，應就屠割。即便棄子而去。二子鳴啼，戀慕追趕，頓地復起。母顧命言：毋為母子併死，然子悲號俱至弶所。獵師憩臥樹下，驚覺而起，感鹿篤信，志節丹誠，釋鹿母子，乃具以聞王。國人咸感，遂廢殺獵。此為菩薩畜中捨身殉信事。

乃往過去，有古彌勒，以《大悲海雲經》教人作佛。有婆羅門聞經發願，入山千年乞食誦經，一心除亂。時連雨不止，洪水暴漲，仙人不食七日。時彼林中，有五百白兔，中一兔王哀念仙人命不久留，法幢將崩，法海將竭，當令久往不惜身命，即告諸兔：「一切諸行，皆悉無常，眾生愛身，空生空死，我今欲為一切眾生作大橋梁，令法久往，供養法師，汝等宜各隨喜。」諸山樹神即為積薪，以火燃之，兔王母子圍繞七匝，白仙人言：「今我以身供養仁者，為法久往，令眾饒益，即別其子，今後汝可隨意水草，繫心三寶。」兔子跪言：「如尊所說，無上大法欲供養者，我亦願樂。」子即投火，母隨而入。即時天地大動，色界以上皆雨天華，供養菩薩，菩薩肉熟，樹神白仙人食。仙人悲不能言，以所誦經置樹葉上，因發誓心：願我世世常不噉肉，乃至成佛至斷肉戒。作是語已，自投火坑，與兔並命。是時，天地六種震動，天神力故，金光晃曜，照千國土，國人蒙此光者皆發阿耨多羅三藐三菩提心。此為菩薩畜中捨身殉法事。

乃往過去，菩薩獨行，時有惡獸來奪其命。臨命終時，心發大願：願此死後於空林澤中作大畜身，諸來食我令悉滿足。所以者何？是諸惡獸常食小蟲，多起殺罪，饑虛不飽，甚可憐愍。菩薩乘願即作大畜，如是展轉百千萬億那由他世，若以一劫，若減一劫，悲心拔濟，作畜施食。又嘗為魚十二由旬，屠十二年，濟世饑饉。此為菩薩畜中捨身濟饑事。

乃往過去，忍力仙人，受如是法不生瞋恨。惡意弊魔遣巧罵千人，前後圍繞，惡口鄙穢，苦切備至，止時亦罵，行時亦罵，到聚落亦罵，入聚落亦罵，食時亦罵，食已亦罵。如是從座起，從聚落出，還至林間樹下，一一皆罵，如是坐臥經行，息入息出，常隨逐罵，凡八萬四千歲。又仙人入聚落時，屎灌其頭，著缽塗衣，糞掃灑其頂上。忍力仙人終不瞋恨，終不退沒，終不自言我有何罪，亦復不以惡眼視魔。千人至是如不可壞，殷重懺悔，發生道意。所以何者？菩薩自念：我常長夜於諸眾生如父母想，愍其孤窮無有財物，往來生死險難惡道，愚癡無智，常盲慧目，誰能示救？惟我一人。若有眾生，惡口罵我，苦切責我、瞋我、打我，我終不報。我應常與一切眾生拔究竟苦，施畢竟樂，我不應與一切眾生毫髮惱恨。是諸眾生誰能忍者，則惟我能。是故我今應學眾生無上忍法。此為菩薩忍波羅蜜事。

功德四

悲以功德而大，功德以智而成，不作功德，無所用其一切智智；不有其悲，亦無所用其功德。本乎大悲，而因於菩提，竟於巧便，是故功德者，悲智之寄命，悲智之橐籥，而菩薩之所以為行也。菩薩功德，攝於十度，而精進遍於一切，則九度者功德之用，而精進者又功德之體也。

何為精進？相續增上，是為精進。難行苦行，遍一切行，不思議行，是為精進。日月以續而明，四時以續而成。涓涓之滴，續成江河。青青之茁，續成尋柯。悲悲不已，續成薩婆若。大凡聖同情，悲惻皆生，不續則凡，續則成聖，而法相不住，念念皆新，若必相續，非寄命於功德，則不可能；功德不住，亦頓起頓滅，若必相續，非寄命於精進則不可能。牽引而生後，觸類而旁通，展轉而增上，功德以悲力而益彰，悲力以功德力而益壯。三千大千自界現象，自界莊嚴，自界光明，則亦功德之為用，而精進之為體故也。五希奇，五不希奇，五平等，五饒益，五報恩，五欣讚，五加行，五無量界，是四十法中，觀其難苦，觀其普遍，觀其超特，必有一物，是率是行。是使悲與功德，大莫與京，充量過量，則亦功德之為用，而精進之為體故也。

《攝大乘論》：何故聲聞乘中不說賴耶，以彼聲聞不於一切境處轉故，雖離此說，然智得成。菩薩一切境處轉故，若離此說，不能證得一切智智。是故唯識學者大悲之作具，大悲行者唯識之作業。聲聞無悲，不生功德，用不藉於唯識；大悲菩薩，功德業宏，唯識則證，一切智智則成。十二分教、四諦、四道理、三乘，是為四施設建立。智之能施設也，龜毛兔角而有用也，是智之極也！蘊界處諦，無礙依資，覺分止觀，緣起一切，是為十善巧分別，智之能善巧也，迷謬重障，莫予毒也，是智之極也。有施設善巧之知，為一切功德之作具，何法不續，何行難苦而不遍滿。非不思議，則亦功德之為用，而精進之為體故也。

十王大業，智增菩薩，不作鐵輪，乃至初禪，唯四下天，變易生死。悲增菩薩，則初地鐵輪，十地四禪，七地以前，一向分斷，此猶可爾，異竟闡提但問功德不問證期，誰能承此無果之為，難之又難。有地藏菩薩，眾生入地獄無有窮已，地藏菩薩往彼地獄無有出時。此一功德也，菩薩摩訶薩精進之尤也，聞之而可以也。取淨妙土，攝調白人，功德嚴成，悲盡未來，一千四佛悉亦如是，獨我本師釋迦牟尼，取不淨土，攝不淨人。此一功德也，如來世尊精進之尤也，聞之而可作也。

乃往過去，寶藏佛世轉輪聖王為阿彌陀，其千太子，觀音、勢至、文殊師利、金剛智慧、虛空印、虛空日光明、師香普賢諸菩薩等。佛入三昧，現多佛土，或淨或穢，令各願取，是等菩薩皆取淨妙，離五濁世無聲聞眾。釋迦本師時為大臣，見於諸人取淨攝白，五逆十惡，三有四流，不淨惡眾，諸佛淨界所不能容，罪積如山，擯集娑婆，無有救護，乃白佛言：我今心動，如緊樹葉，心大憂愁，身亦憔悴。此諸菩薩雖發大悲，不能取此五濁惡世，令彼眾生墮黑闇癡，我當於此娑婆賢劫，壽千歲時，行菩薩道，生大悲心，調此罪眾。頭目血肉，難苦行施，我行六度，三世諸佛所不能及，為仙為兔，而皆捨命以應求乞。自初發心，乃至涅槃，有聞我名，怪未曾有，攝彼邪眾，為植善根，於十劫中，入阿鼻獄，受無量苦，畜生餓鬼，貧窮下賤，一一莊嚴。於其中間，不願生天，受諸快樂，唯除一生兜率成佛。壽百二十時，世界麤弊，我於是時證無上道，三乘化小，苦行化外，他方惡眾，來生我國，等一度化。其有犯重，一念悔己，即為受記，其有怨賊，出佛身血，大悲梵音，而為說法。誓願五百，一一成就。又復我之所證，施戒聞思，悉與地獄一切黑眾。若有聞法開釋而業未盡，我為代受而令生人，願令我身大如須彌，數如剎塵，所覺苦樂一如今身，以此身代十方剎塵阿鼻眾罪而久其苦。是願若成，此會大眾，唯除如來，皆當涕泣，讚言善哉！說是語已，彌陀座起，悲泣滂沱，敬禮讚偈，觀音以下一一如應。

菩薩四法懈怠：一者取淨世界，二者調白眾中施作佛事，三者不說聲聞辟支佛法，四者壽命無量。如是菩薩非猛健丈夫，非深重大悲，非方便巧慧，非平等善心，譬如華田，是乃雜華，非分陀利。菩薩四法精進：一者取不淨界，二者不淨人中施作佛事，三者說三乘法，四者壽命不長不短。如是菩薩是猛健丈夫，是深重大悲，是方便巧慧，是平等善心，譬如華田，是分陀利，非彼餘華。

唯我本師釋迦牟尼，是大精進，非是其餘；唯我本師三十二相是流血成，非祥善成，梵牙索目，堅牢乞耳，蜜味索手，盧志乞足，尼乾索陰，又復乞皮。肉山臂燭，應飢渡厄。施目如恆沙，施血如海水，施肉如千須彌，施舌如大鐵圍。又復捨耳如純陀羅，捨鼻如毗富羅，捨齒如耆闍崛，所捨身皮如三千大千所有地殼。唯我本師，於無佛世，麤惡語言怖化眾生，是餘業故，世界弊惡；唯我本師，於無佛世作夜叉像怖化眾生，是餘業故，菩提樹下垂證覺時天魔波旬擾亂侵壞；唯我本師，於無佛世唯攝黑眾，他國來生得度因緣，是餘業故，說法會上立聲聞僧。

起悲五

誰不有悲性，誰不欲起悲度眾，名字遠聞？然無方便，悲不得起；悲不得起，或怖自苦而為聲聞，或破自惑而成緣覺，是故直往菩薩起悲第一。起悲方便第一中之第一：一多聞，二清淨，三不離眾生，四發願布種，五修慈滋潤，六多作功德，七觀眾生苦，八觀眾生倒惑，九取相作觀，十習以成性。苟能如是十種方便殷重不已，悲念不生，如來世尊則為妄語。

云何多聞而起悲耶？智由悲起，悲亦由智起。悲起之智，能自抉擇，加行根本，及與後得，遂爾次第而成；起悲之智，數他珍寶，七事四理，深信不誣，遂爾知見有力觸感根心。是故必得多聞，而後知苦真實，知苦真實，而後不同苦役，不同苦役，而後能觀眾生役苦以起悲。必得多聞而後知法真實，知法真實而後不同法執，不同法執，而後能觀眾生執法以起悲。若不知苦真實，則又不能代眾受苦，不能代眾受苦，雖或能悲，乃亦不能念念相續，不能念念相續，剎那已滅，烏得謂其真能起悲？若不知法真實，則事有觸而應悲者，由衷而出不免為世俗附庸，非由衷出不墮於口惠之隨風，即墮於感情之躁動，凡若此者，又烏得謂其真實能起悲？

云何清淨而起悲耶？五百鹽車截渡，渾濁喪真，滄浪之清，物來必鑑，久氛塵鏡，黑暗冥頑，不染一埃，空靈照燭。感觸捷應之機，捩則失用，淨則精通，理固然也。是故物至而悲起者，清淨無穢之心境也。《大寶積經》：如是大悲由於不諂而得生起，譬如虛空永出離故；如是大悲由於不誑而得生起，從增上意而出離故；如是大悲非由詐妄而得發起，從如實道質直其心而出離故；如是大悲由於不得曲而得生起，極善安住無曲之心而出離故；如是大悲由彼無有憍高怯下而得生起，一切有情高慢退屈善出離故。

云何不離眾生而起悲耶？悲是能緣，眾生苦惑是為所緣。草木河山，騷士情人因之而多感，羌無寄託，則秋風肅殺，或亦喜彼威剛，落日昏黃，時則賞其索寞。唯夫有情疾痛相對黯然，蓋未有不悲從中來也。空山趺坐，飛鳥不聞，足音跫然，空中憎擾，肝膽楚越，人事迷茫，苦且不知，從何悲起？是故大乘大悲，當處人間塵坌闤闠，然後乃得眾生業惑情偽離奇，然後有動乎中，酸辛悲憤。奈何菩薩如彼聲聞，了自業緣，避人逃世。是故《大莊嚴論》：菩薩大悲，略以十種眾生而為境界。《菩薩藏經》：菩薩大悲，略以十六眾生而為所緣。

云何發願布種而起悲耶？行菩薩行但是行願，發願為因，願滿為果，因果不二，但是其事，不必事圓，是故不能起悲，但應悲願。願則易舉，德輶如毛故；願不可毀，金剛不壞故；願則能引，招同類故；願則能續，恆長養故；願則不斷，恆希故望；願則能展，久具計故；願則能赴，機相應故；願則能任，力漸充故，是故不能起悲，但應悲願。悲願者何？不捨眾生而已。眾生與悲，如命與息，當願眾生起悲第一。《華嚴．淨行》：百四十一，當願眾生，願在發心前。《纓珞本業》：有二十四，當願眾生，願在發心後。佛前佛後皆普賢行，而皆行願，願此眾生，願此眾生大悲無已，盡未來際。

云何修慈滋潤而起悲耶？取與捨對，樂與苦對，交相繫屬，即交見栽培，與之以樂，不能不拔之於苦。悲為因緣，慈為增上，因緣增上，乃得成辦，法性自爾，智者能知。《大莊嚴論》：悲樹六事成，根出以慈潤，由有慈者見他苦已，生悲苦故。

云何多作功德而起悲耶？菩薩功德，十波羅蜜。施度、忍度、力度，詳於威力；進度、智度，詳於功德；慧詳多聞；戒詳清淨；願度詳願。惟禪方便須續而談。捨身代苦，若覺其難，即應退墮，但告奮勇，而難為繼。故有方便修三三昧，五蘊皆空，無願，無作。此觀若成，能所俱寂，三輪清淨，得大涅槃。然三三昧若無方便，必乘果報生長壽天，退失悲心，墮於小外。因悲而空，因空而悲，禪與方便，交相利用，有益無危。《大智度論》：大慈大悲用方便力，不隨禪生，不隨無量生，不隨四無色定生，在所有諸佛於中生。眾生著空墮大地獄，是故菩薩深入大悲，悲因緣故得無量福德，生值諸佛，從一佛國至一佛國。是故大悲不妨實相，諸法實相不妨大悲。

云何觀眾生苦而起悲耶？諸聖聲聞，苦諦現觀，證苦深遠，厭俱行心，相續而轉，悲故微薄。菩薩正觀，墮百一十極大苦蘊，正薰心故，悲亦正強。是百一十應悉披陳。云何是耶？一流轉苦，二欲癡苦，三三苦，四別離斷壞相續畢竟苦，五貪瞋疑悔惛沉睡眠苦，六因果財護無厭變壞苦，七生老病死怨愛不得苦，八寒熱饑渴，自逼他逼，及不自在一類威儀苦，九自他親財戒見無病現法後法一切衰損苦，十食飲衣乘莊嚴器物香鬘樂伎照明給侍一切乏匱苦，如是增數有五十五。宿因現緣有一切二苦；長時猛利雜類無間有廣大四苦；獄鬼傍生善趣所攝有一切門四苦；他觸自纏現造當趣界不平等有邪行五苦；父母妻子奴僕朋友財位自身一切流轉有不定六苦；長壽端正多智勝人族富大力一切不得有不隨欲七苦；妻子貪增饑儉怨敵野難屬他根缺擯殺一切損惱有違害八苦；壞時盡時老病死時無利無譽有譏希求一切必至有隨逐九苦；無樂受因不斷結尋逼匱不平愛壞麤重有一切十苦；如是增數復五十五。此百一十，是菩薩行悲所緣境。緣此境故，悲不生起，是為木石，非有情類。

云何觀眾生倒惑而起悲耶？如來大悲三十二種救護眾生，眾生於法發生顛倒有二十四，又於有情發生迷惑而有其八，如來一一觀諸眾生而起大悲，而為說法，菩薩大悲依此修習而得生起。云何然耶？一切法無我人眾生壽者，而眾生以為有，菩薩於此而起大悲。一切法無體無住，無執藏主宰事物我所，而眾生以為有，菩薩於此而起大悲。一切法無生無滅無垢，離三毒，無來去，無造作戲論，而眾生以為有，菩薩於此而起大悲。一切法空無相無願，緣生靜寂，而眾生以為不然，菩薩於此而起大悲。是謂觀諸眾生於法顛倒有二十四而起大悲。世間眾生，諍論瞋恨，倒見邪行，饕餮互陵，為妻子役，惡友近習，邪命自活，居家濁穢，墮小捨智，菩薩於此而起大悲。是謂觀諸眾生於有情迷有其八事而起大悲。菩薩若能如此修習，大悲薰熾，則為已入阿鞞跋致。

云何取相作觀而起悲耶？《大智度論》：菩薩學悲無量時，先應發願，願諸眾生拔種種苦，取拔苦人相攝心入禪，自諸親族至十方界。取相作觀雖近小定，然入觀根本，一主厭棄，一主拔濟，所趣自不相淆，方便不妨一致。

云何習以成性而起悲耶？酒嗜痂癖，吾生以爾為命，人之所惡，彼之所好。中有開導，臨事不造。法性自爾，悲亦何獨不然？從他苦生悲，從悲生自苦，從苦拔他苦，從拔他生樂。夫至於樂，則成癖成嗜，非此不適。是故信行位怖苦，未見自他等，未觸如實苦，習而未性故。淨心位怖苦，已見人畜等，已觸如實苦，習已成性故。銅鐘感應，天下易事，無過成性，菩薩念哉！

勸學六

人於獸，獸於禽，禽於餘動物，遞嬗遷流之跡，彰彰不誣。日月星辰，山嶽江河，草木礦石，遞嬗遷流之跡，彰彰不誣。物本天然，無所得而畸輕畸重，宇宙之壞及與不壞，既無所容其心，人物之安及與不安，亦無所先天下。浪漫支離，浮萍無與，如是之學，古史有之，天下多趨之。取天下之物，率天下之人，平之衡之，作之驅之，養其欲樂，使不得失所，制其品類，使不得絕足而馳，鰓鰓焉慮，孜孜矻矻，群分焉而治，古史有之，天下多趨之。二者之學，世之所謂極純而至要者也，世俗之道，是則然矣。

雖然，君子有究竟之學。何以必須宇宙，何以必須山河大地人物動植，此一理也，研之乎未也。何因而忽有宇宙，何因而忽有山河大地人物動植，此一理也，研之乎未也。宇宙為何不憚煩如是，山河大地人物動植何為不憚煩如是，此一理也，研之乎未也。燭照洞然，徹終徹始，置之不理。徒跡其已然，破碎支離，煩於一隅，以統大全，以縱橫學，君子謂其細已甚，甚足悲也。故事之起，環賾無緒，物境之變，不可思議。治之所生，亂之所始，救其所救，又救救者，世界殆盡而滋救不已；非謂其不成也，物以治物，性自爾也。亂不遄止，甚足悲也。是故君子有為人之學，悲乎眾生不得無餘涅槃是也。

學悲有十勝利，應作而起：

一者：法界同體，悲惻不云乎，一惻然而天地萬物之情，周洽旁皇，淪肌浹髓。法界繁賾，剎剎塵塵，然無大小內外，無分量古今，一舉而悉舉，一沉而悉沉，勝妙一毫端，寶王十方建。

二者：於事易舉。《瑜伽師地論》：菩薩以所修悲薰修心故，於內外事無有少分而不能捨，無戒律儀而不能學，無他怨害而不能忍，無有精進而不能起，無有靜慮而不能證，無有妙慧而不能入。

三者：群生知己。他心宿命，修習其通，無逾徑熱。觀苦既久，洞徑靡遺，身受者難言，而旁觀者隱抉。苦雖未拔，而有知者，則感泣涕零矣。

四者：祥光安隱。鴿入舍利弗影，戰栗不已，入佛光中，迴翔自在；獸觀獵師，頂有血輪，身生奇具，遂爾觳觫。修悲既久，充實盎然，應有祥光，飲人無量。

五者：坦無城府。言涉吞吐，行經幾曲，是為有覆。有覆者，惑之本，害之最獨。然實不得已，懼虧而留步，當時快足，既無為難，衝懷而出，豈不善哉。

六者：偷性滅盡。絕望者不偷，無委者不偷，救火追亡不偷，舉重若輕不偷，悲之所至，知聞塗毒鼓，必死無疑故也。

七者：無不平等。但惻隱故，不擇而加故，自然無有強弱高卑隆殺貴賤故。

八者：與智無二。離悲之智曰小智，離智之悲曰外悲。既不可說分別為智，即不可說愛勝為悲。具虛靈故，具不昧故，皆所同故。

九者：容易得通。《大智度論》：入悲三昧，現在得五功德，入火不燒，中毒不死，兵刃不傷，終不橫死，善神擁護。

十者：大雄無畏。師子不欺，香象澈底，行之既久，必坐菩提。作猛健大丈夫，誰懷斯志？

漸之姊淑，二十歸於鄧，未逾年而寡。鄧有兄無賴，家破，姊大歸侍母。訓溱弟琳姪格兒蒙，因以為蒙師者若而年，得資治翁姑喪如儀。鄧兄有子，又無賴，撫之而逃亡，乃子其族兒名拱璧者教而婚之。初，鄧幼，與予同學。歲暮過其家，鄧兄呼舅，予駭奔詢母，則正於是時許鄧不誣，無奈何也。予一兄三姊，骨肉凡五，婚姻皆以幼，皆草草定，又不出彈丸小城。嫂及諸姊以故寡，又貧，霾陰悍鷙之氣充於庭無寧日矣。姊有德，包荒左右焉，又不惜其資，家人安之。不幸母死，不得已舉家入山，趣空門倚佛，霾陰悍鷙之氣，充於山無寧時矣。

女蘭，有知，願隨父。予入隴數月，返金陵而蘭死，年十七耳，姊哀而聚寧數年。兒東，泗緐，姊哀而聚寧一年。今復可得而聚哉？姊既皈佛，作功德，格兒奉以資，施支那內學院。住宜黃龍泉，請藏，作藏經樓。工興，露督而疾作，庸醫投涼劑。予年來窘，不能如所需。道梗，藥與資不達。其家時怨逼，百方違緣，而姊已矣。

寒假作院訓釋文。釋悲已半，正月三日凶問至。心痛不自持，已輟。然無益，吾何以將吾姊，應續作以回向，乃祕之，制之，振之。胸前熱，頭涔涔目眩，身寒噤如瘧，數數不自持，復數數自責，今幸粗率成，實不能再作也。自今以往，吾悲願，念念願眾生，念念拔眾苦；本師所為，吾悉願為，悉以回向吾姊；又願讀吾文，而怦然者，拔一切苦厄，而先拔吾姊也。民國丁卯上元日。

釋教訓第三

導引一

證智無戲論，佛境菩薩行，此之所謂教。何謂無戲論耶？無著釋龍樹八不偈云：非滅不滅，非生不生。應知諸句皆如是說，不可說此法非滅故名不滅，世諦不異第一義諦，一相無相故，亦不可說此法無滅，故名不滅，非滅中復有滅故，涅槃無體不得遮生遮滅故。蓋非滅不滅云者，說滅，戲論也，說不滅，亦戲論也。根本此事非談生滅，而以生滅作此事談者，反覆轉輾皆戲論也，是故非之不之也。《般若經》云：菩薩安住諸法無自性中，觀蘊處界，乃至觀一切智智，若常無常，若寂不寂，皆戲論也。念諦應知斷修證，戲論也；念靜慮覺分乃至一切智智應修應證，亦戲論也；應觀種種不可戲論，故不應戲論。戲論是三界二障之所自出，不其戲論，則正性離生之所從入也。

何謂佛境耶？不其戲論，非一切法斷滅無有，而內證聖智之異其所依也。《般若經》云：愚夫異生所執非一切如是有故，如無所有如是而有。又云：如如來如實通達生相法，如是而有也。能證乎是，是為證智，證智所緣，是為佛境，法界真如是也，畢竟空也，一切智智也，無餘涅槃也，第一義諦也，一乘道也，無學也，無位也，頓證也，一也。未得證智，以生滅心隨佛境，趣向佛境，臨入佛境。

《般若經》云：初學菩薩，若欲疾證一切智智，於善知識所，能聞廣略教相，受持讀誦思惟觀察，令心心所於所緣相皆不復轉。又云：從初發心至坐道場，無容橫起諸餘作意，唯常安住一切智智相應作意，令心心所於境不轉。又云：於諸法中不作二想，名無上菩提修菩薩行，思惟在一切智智。一切智智者，與性為性，法界為相，所緣亦無性，行相亦寂靜，正念而增上是也。發心作佛，念念是佛。而不然者，二想雜想，間斷不續，又烏能佛境為主，戲論為客哉？而不然者，學四諦則落聲聞乘，學十二因緣則落緣覺乘，學六度萬行則落菩薩乘，空則惡取於空，有則非善巧乎有，各端其極，水火不融，如來所願，願若是哉？唯有一乘道，無二亦無三。於無性無動，於智智不轉，以談瑜伽則離言自性，以談般若則是法平等，以談涅槃則佛性中道，萬流千流，匯歸瀛渤，無不同此法界流，無不同歸一法界。若其發處，則所向有殊，所施各異，說相說性，說常無常，釋迦說法四十九年，何嘗自語相違？是則相反無不相成，是則匯流無如趣一。

何謂菩薩行耶？本性空也，二取空也，三自性也，道相智也，無住涅槃也；二諦也，三乘也，行引修也，漸次之歷位也，分證也，一也。既佛境矣，而菩薩行何耶？不得已之作也，自然之趣勢也，巧便之施設也。不能用頓則方便用漸，三智三漸次，三阿僧祇必能頓證，處夢謂經年，悟乃須臾頃，亦無漸之非頓而已矣。不能用圓則方便用分，菩提分法滿即菩提，以法學法界，復以法界學一切法，以法學無所得，復以無所得學一切法，積土成山，積水成淵，亦無分之非圓而已矣。不能遍一切一味則方便用通，一攝一切，一入一切則一法成佛，一切攝一切，一切入一切，則法法成佛，無住涅槃觀空不證，川納眾流，海納百川，亦無通之非遍而已矣。

是故行三自性於畢竟空，大悲度情有依能遍也。行道相智於一切智智，行無住於無餘，無窮無盡而無遺也。行俗諦於第一義，熟情嚴土後得智圓也。行三乘於一乘，行分證及行引修於果境，俓無不通無礙自在也。是故無佛境，則漸不能頓，分不能圓，通不能遍。滯於一隅朝宗無期也。是故無菩薩行，不能用漸而頓，不能用分而圓。不能用通而遍。彼岸天涯無航可渡也。是故僻執久行者，破碎支離，磨磚作鏡，高談一乘者，憑虛凌駕，娛樂乾城，皆以不得方便善巧故也。《般若》云：菩薩不從佛及善友聞說殊勝方便善巧，雖親近諸佛，種諸善根，承事善友，而不能得一切智智，是故方便為究竟也。是故新學菩薩於最初學極不可忽者，方便善巧是也。是故佛境菩薩行合，而後為教也。

釋義二

將欲釋佛境菩薩行至義，必先明不可思議三事。三事既明，義乃有據，不蹈虛肊（編者按：同臆字）。

一真妄主客事。《勝鬘經》言：此自性清淨如來藏，而客塵煩惱上煩惱所染，不思議如來境界有二法難可了知，謂自性清淨心難可了知，彼心為煩惱所染亦難可了知。據此則真與妄法並時發現也，非止一真更無有妄也，非妄滅然後有真也。《楞伽經》云：諸有妄法，聖人亦現，然不顛倒。妄法是常，相不異故。心意識轉，即說此妄名為真如。若無如來藏名藏識者，則無生滅。然諸凡夫及以聖人悉有生滅，《解深密經》云：如實了知離言法性，於有無為決定無實，然有分別，所起行相猶幻狀，迷惑覺慧，不如所見堅固執著謂為諦實，彼於後時不須觀察。此說則妄非為無有而不執也。然《密嚴經》云：賴耶與能薰及諸心法等染淨諸種子，雖同住無染。又云：藏識與七俱體性而無染。此與《勝鬘》說染不同者何耶？據《辯中邊論》，如水界金空。則此染者真妄不離，是故云染，非同世說和合一味，是故非染。此中辨析，厥有二義：

一者涅槃唯真無妄，不與生滅相應故。無餘涅槃無損惱寂滅中無邊功德，如如不動。其一分現前者，皆由先時菩薩願力發起而來，譬如滅定，由先加力出起遊行，是故真如緣起者，乃邪說也。一真法界，諸佛自證理同不異，謂之為一，而言別有一境眾其一心，亦邪說也。

二者菩提真妄不離，與生滅相應故。生滅相應，八識遂變根身器界心及心所，名之曰藏。依藏淨種曰如來藏，依藏染種曰阿賴耶，同一八識，增立九識，亦贅說也。

二智如非一非異事。以法言非一，《楞伽》《密嚴》俱稱五法。《密嚴》云：法性名如如，善觀名正智。《楞伽》云：真實究竟，自性可得，是如如相，不生分別入自證處，是名正智是也。以義言非二。《般若》云：變化與空，如是二法非合非散，此二俱以空空故空，不應分別是空是化。若以生滅言又非是一。智與生滅相應是化，如不與生滅相合非化。《般若》云：真如名為無生無諍，如實知見諸法不生，諸法雖生真如不動，真如雖生諸法，而真如不生，是名法身，其言真如雖生諸法者，依於真如而有一切法生，非真如生一切法也，法若即如法尚不生，何況真如而有生法？如智既分，明與無明義自相對。《密嚴》云：……法理相應，明瞭能見，說為正智。《般若》云：於無所有不能了達，說為無明是也。若無明對如，則體用不分，法相淆亂，不可為教。

三法法成佛事。《般若》云：諸菩薩摩訶薩於諸行相狀，能正顯發道相智者，遍於如是諸行相狀皆現等覺。與華嚴位位成佛義無差別。蓋般若學蘊處界空，以自相智入正性離生矣，復回而觀蘊處界空，業學三漸次而修六度六隨念，乃至一切善法。是故一入一切，一切入於一切，金剛道後菩薩佛等，而無間行仍稱菩薩，不必但三三昧證空稱佛也。所以必法法成佛者，《般若》中有三義：一令有情法無倒解。二知有情意樂隨眠為作樂利遮障示修。三知有情諸根勝劣於所說法終不唐捐。三事既明，乃釋至義。

佛境畢竟空，菩薩行則本性空二取空。云何本性空耶？龍樹有言：畢竟空者無有遺餘，本性空者本來常爾；畢竟空者三世清淨，本性空者但因緣和合無有實性；畢竟空者是其深空，本性空者是中道空；畢竟空者一切佛行，本性空者菩薩所行。本性有理破不心沒，是故新學菩薩無不取用於本性空，為驚怖空而設方便故也。《般若》云：非別實有不空涅槃，然我為新學菩薩說涅槃非化。善現問：云何方便教誡教授新學菩薩，令知諸法自性常空。佛告善現：豈一切法先有後無，而不常空。然一切法先既有後亦非無，自性常空，不應驚怖，應如是令諸法自性常空。

云何二取空耶？為導俗故，為導俗以趣空故，立依他如幻，如幻更執遂生二取為遍計執，如幻自然即二取空為圓成實，是為無住異門說三自性。此三自性皆心境上事，皆相用邊事，但有此施設事、緣生事、實相事，非如幻上更有自性事。是導俗以二空，繩非蛇而所空，麻非繩而能空，豈增語以三性，更八不而增名，復九喻而增相？是故龍樹為取真而無性，此之無性但無增語，非性全無，以有實性曰無性性；無著為導俗而自性，此之自性但有此事，非主宰有，以無主宰曰性無性。大士婆心，各以方便異門詮空，使人明瞭，奚必捨義別滯於文，法苑長悲執競千古。

佛境一切智智，菩薩行則道相智，一切智智何以為佛境耶？一切智智有二相，一寂滅相，謂一切法皆同一相寂滅相也。二遍知相，謂諸行相狀能表諸法如實遍知也。菩提涅槃，是稱為佛，佛之知見一切智智是也。佛之知見依於為境，則無性為性，法界為相。無性為性者，所緣亦無性，行相亦寂靜，增上於正念也。法界為相者，法即法界，法界即法，學法界於法，學法於法界也。

道相智何以為菩薩行耶？能往一切智智為道。道相智者，賅用三智以為其相，行至於一切智智是也。二智者，小果蘊處界為一切智，極果一乘畢竟空為一切智智，自果發心至證覺為道相智。發心至證覺有二事：一諸道般若，統攝三智、法法成佛。二無相般若，不住有相，除遣一切，自始至竟，念念菩提，曰菩提道。被大功德鎧，任不可思議事，曰菩薩道。境以佛道為頓而總，行以自道為漸而分，曰菩薩行。行乎自道，曰菩薩行行於道相智也。

行相紛繁，漸分為四：曰地前、地上、地滿、地竟。地前行者：植基在一心，得道在善友。植基在一心者，思惟一切智智，念念不忘，死急事來，都應遣去，深信成種乃可為基。經所謂圓滿無性為佛，漸證無性為聖，深信無性為賢善士也。經又言行引修三慧，以般若力破蘊令空是涅槃相，出定住情還念寂相悟一切空，地前行慧也。不可說有無，言語道斷，則初地引慧，入甚深禪，復以般若破禪與禪緣，又地地修慧也。得道在善友者，與人巧便，方為善友。巧便云者，非諸善根，非諸善法，而佛之知見。親近諸佛，承事善友，種諸善根，而未得聞殊勝方便，終不能得一切智智。初發心人，於佛聖賢及正知處多聞聞持，應深作意。既得巧便不其戲論，於聲聞道遍學滿已，即以自乘由三三昧而入正性離生。是之謂地前行。

地上行者：一用小道，二用極道，三用自道。遍學八地，勝智超入，復由諸道，漸次修證一切智智。聲聞果向，斷智即菩薩忍，熟情嚴土不離一切相故。如是馴至八地，則一切智盡，梵行已立，不受後有，是為一用小道。一攝一切，一入一切，菩薩為欲圓滿布施，即於施中攝受一切而行布施，由此因緣而無二想，一切入攝，與佛無二，故云成佛，是為二用極道。初地至六，配修六度，是有三要。一切智智相應作意也。無實成轉滅入諸法相，無所作能入諸行相也。泯有無想即是順忍，亦是修道，亦是現觀。得自在轉，得受記忍，雖得勝果，而不取證也。馴盡六地，即出世間，即為無相，七地無相尚有功用，馴七地盡無功用矣，是為三用自道。是之謂地上行。

地滿行者：熟情嚴土神通大用也。無量無邊幾佛功德，入大地獄，事十方佛，割濟旁生，饒益餓鬼，燒殿警天，世出世間法施微妙，有如是希奇，一法成佛一入一切，法法成佛一切入於一切，雖一切一切而法未盡，尚見行修，故名為行，亦名為漸。菩薩十度，前六自分，後四增勝，方便增施，願增精進，力增禪定，慧增般若，以有增進方能廣大威德，入佛法身，富樂莊嚴，不沉湎於尼夜摩性。是之謂地滿行。

地竟行者：菩薩行圓滿時，斷一切習，覺一切相，得一切智，幾與佛齊，為究竟行。道相智至此，舉足下足，皆如來行，為究竟行。佛與菩薩性本無異，但位不同。合剛道後，解脫道生，一剎那頃，即成正覺，此剎那頃，出時稱佛，入剎那時，猶稱菩薩行。由本性空而畢竟空，一切一切，已能頓現阿耨多羅三藐三菩提，無須分法，是之謂地竟行。

四行分布，析佛無遺，求總於分，得頓以漸，諸有智者，譬喻而明。水大周世間，誠不可思議。

然設方便積集觀全，小德歷遍川流，汪洋窮於瀛渤，豈其大量絕無方便推測而知歟！又如帝京千里而遙，神通如壯士，屈伸臂間即至。未得通人，率履周行，夕露晨霜，時哉不失，豈其佳地達竟無期歟！

佛境無餘涅槃，菩薩行則無住涅槃。無餘涅槃者，涅槃寂滅，無餘則二寂滅：一寂靜寂滅，解脫身能得。一無損惱寂滅，無量無數廣大甚深，非得法身不能顯現。人惡空無，難語寂滅，迫不得已略譬萬一。中夜中天，一輪孤月，萬籟俱寂，玉宇無雲，寂照河沙，無品不淨。當此時也，方寸翕然。誰不樂寂？而況乎大道非色，絕對非喻者哉？是則無餘至亟，而菩薩無住何耶？直追在佛，誠懼落於聲聞，力進在學，又恐湎於無為，故於無餘入遊觀定，非得少為足證而長居。

涅槃八相，盡、善、真、實、常、我、樂、淨，聲聞唯六，以其得解脫身盡善同佛，不得法身不實不真；以其得無漏聖道安樂清淨，不得般若無我無常。云何為常？有佛無佛，法性常住，法住刹量，入大定窟，而非入滅，是故為常。釋迦牟尼，於娑婆國，捨一根身，於一燈明，入一器界，出沒隱現，而非涅槃，是故為常。云何為我？大我有八自在：一、一身多身，二、一微塵身滿三千界，三、滿身過沙界而無障礙，四、一心不動令眾有心，五、一根知六，六、以無所得而得涅槃，七、說一偈義長劫不窮，八、虛空不現令一切見。恣肆淋漓，縱心所欲，若不如是，不能盡未來際作大功德於無邊也。是故非僅解脫涅槃，而三德涅槃。無住者必得般若法身，入一乘道，而無住於解脫涅槃也。八地幾滅，以佛呵斥而圓滿其行；聲聞趣寂，佛惡焦敗而禁人與俱。是故經言：觀空不證筌筌注楛也。此之謂菩薩行也。

佛境第一義諦，菩薩行則二諦。無著釋龍樹論，若說二諦，此如是說，不異世諦，而更別有第一義諦。以一相故，謂無相故。以如是義，《中論》偈言：諸佛依二諦，為眾生說法，一以世俗諦，二第一義諦。若人不知此二諦之義者，彼於佛深法則不知真諦，以無自體如，本性空如，此則是諦。一相無相，於此不破，據此而談，諦非無俗，但唯一相，俗不離真。不二法門，離言默契，曰第一義諦。眾生不知第一義空，方便說教，令俗易了，故曰俗諦。

第一義諦，但緣總相，俗諦為眾分別令知，是則無言無別之真，是佛境，言說分別之俗，是菩薩行也。是則總非一合相，應具多分，說真中有俗；分出於總相，無非是總，說俗中有真也。是則三科四諦，無不依於法界真如，而皆是真；三科四諦，於依他上二空圓成，而皆是俗也。是則真不自真，待俗故真，即前三真，亦說為俗；俗不自俗，待真故俗，即後三俗，亦名為真也。說真說俗，為依他故，為立教故。佛言：心性本淨，而有客塵，是為依他。若破依他，一惡取空，二撥無俗諦，三撥無染淨，四無後得智，五無立教地。過失無邊，戕賊胡底，夫安可哉？是故立四真諦，一、三科，二、四諦，三、二空，四、一真。立四俗諦，一、瓶盆，瓶盆遍計從能詮說諦，二、三科，緣起實有，三、四諦，為安立諦，四、二空，非安立諦。

佛境一乘，菩薩行則三乘。射人先馬，擒賊先王，止有此乘，無二無三，直趨所的，毫不人情，是謂一乘法門。說一乘法，今舉七教：一、《般若》，以無所有破執一三，即畢竟空義。二、《密嚴》，賴耶勝教，內證聖智義。三、《楞伽》，能取所取空，俗諦空義。四、《勝鬘》，說第一義，為法身義。五、《法華》，佛之知見，一切智智義。六、《大法鼓》，如來解脫，則解脫義。七、《大涅槃經》，無上醍醐，是佛性義，種種所說，詮各不同，而皆一味。一味於佛境而已。今涅槃學，教敘涅槃。經云：是經三大義，如來常住，一切眾生皆有佛性，大般涅槃說一乘法。以說一乘法故，信則龍女頓成，謗則善星生陷。不可思議以譬而明，譬如大海眾寶蘊藏故，譬如須彌山眾藥根本故，譬如虛空一切住處故；譬如猛風無能繫縛故，譬如金剛無能破壞故，譬如恆沙無能算數故；譬如帝幢法網無邊故，譬如商主趣涅槃城故；譬如導師引商入海故，譬如日月頓破幽冥故；是應剝皮為紙，刺血為墨，以髓為水，析骨為筆，書寫如是《大涅槃經》。雪山半偈，布施身命，以我熱血，供彼夜叉，而況全經，汪洋曲盡，不可思議者哉！

多生難聞，唯此佛境，是則直趣一乘可矣，而又說菩薩行，而舉三乘何耶？是有五義，豈容矛盾：一、甚深義。二、廣大義。三、眾生根器義。四、出生義。五、緣助義。一一應以經詳。

一、甚深者，經云：大海八不思議深而無底，或說不得菩提不轉法輪，或說常，或說無常，或說一乘，或說三乘，是故甚深。

二、廣大者，經云：大海八不思議眾寶所藏，三十七品，聖梵天行，諸善方便，眾生佛性，二乘及佛乘功德，六度與無量定慧，蓄蘊難測，其無津涯。又云：海受眾水，三乘如來所入之處，名大涅槃。三三昧、四禪、八背捨、八勝處、十一切處，隨能攝取如是無量諸善法者，名大涅槃。又云：聽《大涅槃經》，斷一切疑，知法知義。

三、眾生根器者，經為聲聞緣覺方便說三。而乘唯是一，教則有三。教唯是一，乘則有三。頓漸二家，諍論不解，以吾觀之，但文字障，義則無殊。乘為行具，乘而行之以達菩提，教為導引，引而導之以證正覺，其為循境而行以期成佛，一而已矣。故雖唯賜白午，而一雨普被，諸草各別，化城使息，慰彼疲勞。故雖分談五姓，而姓以習成，但種非性，小能迴大，不以格繩。一乘刊定；三乘朝宗，斯無不同，中間小異，何足紛紜？

四、出生義，經云：從牛出乳，從乳出酪，從酪出酥，從生酥出熟酥，從熟酥出醍醐，醍醐最上。佛亦如是，從佛出於十二部經，從十二部經出修多羅，從修多羅出方等經，從方等經出般若波羅蜜，從般若波羅蜜出《大涅槃經》，猶如醍醐。雖非生因，而是所出，以出為生，故經又云：因乳生酪，因酪生酥，因生酥得熟酥，因熟酥得醍醐。

五、緣助義，涅槃不從作因有，從了因有，了因即是緣因；眾生為正因，如乳生酪；六波羅蜜為緣因，如煖酵等。然三十七品，六波羅蜜，雖是了因，但涅槃因，無量阿僧祇助菩提法，乃得名為大涅槃因。是故經云：師子大王，安處巖穴，四足據地，晨朝出穴，頻伸欠呿，四向顧望，發聲震吼；為眾生為破邪為小悔為四部不畏，從聖行、梵行、天行、窟宅頻伸而出，觀益眾生決定而說，十住菩薩能修三行則師子吼。三行者，五行中三菩薩自乘；五行前一是為病行，為聲聞行；五行後一則為嬰兒行，佛與菩薩相共所行。

夫道相智者，攝小賅佛，不局於自，全體而行，為菩薩行行於五行者也。病行在蘊處界，聖行在戒定慧，梵行慈悲喜捨，天行十波羅蜜，嬰兒行者不能來去語言，不知苦樂晝夜父母，不能造作小大諸事，未知正語，但能婆啝，楊葉而止其啼而已。能行五行，乃得十德。何謂十德？一者知法義，斷疑曲，了三句。二者得通自在，聞見知勝，三者捨闡提慈，得如來慈。四者不逸成佛，福田淨土，滅餘斷緣，淨身無相，離怨離惑。五者根具不邊地，天愛宿命智。六者金剛三昧，破一切法。七者友及三慧，涅槃近因。八者遠離蘊見，念定菩提，四梵一道，心慧解脫，九者信直持戒，近友多聞。十者覺分入寂，說經示性。十德雖非得究竟果，自立圓滿，而得勝進。亦庶乎其不差矣！

說教三

畢竟空義無所云教，而眾生不知，方便大悲，教乃權立。是故染淨之謂教，是為教中之義。是故五法、三自性、八識、二無我之謂教，是為教中之法。今所詳說，說取捨義，說唯識、唯智、涅槃之學，其五法三性，識及無我，如是諸法，適於其中隨宜而說，不復更詳。捨染取淨，詮以三德涅槃，則捨染義為解脫義，離二障，空二取，因之有唯識學。以捨染而取淨義，為般若義，不戲論觀實相，因之有唯智學。取淨義為法身義，染亦是淨，無非中道，因之有涅槃學。

唯識學云何捨染耶？染生於虛妄分別，若不成立虛妄分別，則繫縛解脫即應皆無，如是便成撥無雜染及清淨失。無修無對治，無教無出期，遍此一法界，皆波旬勢力，是故立量：虛妄分別有，許滅解脫故。謂滅此亂識上二取，得二空所顯真解脫故。虛妄分別性是依他，成立依他，捨染取淨教然後立。依他起上二取是無，是遍計執，猶般若之不其戲論也；依他起上二空是實是圓成實，猶涅槃之常樂我淨也。而皆在依他上顯者，三性不離唯識，三界心心所是虛妄分別故也。法真而妄立何耶？此法爾如是也。妄中唯有空，於空亦有妄，中邊所談也。似色相續染為依故，若不爾者，非義起義，倒不得有，即二障清淨，俱不得有，攝論所談也。自性清淨心煩惱所染，難可了知也。然中邊云：先染後淨，二差別相，是客非主。又云：雖先染後淨，而非轉變，成無常失；如水界金空，出離客塵，非性轉變也。

唯識學染如何捨耶？一、多聞薰習，如理作意。等流無漏，聞思所出，仗真實依，為引發因，十法行句，於斯為重也。二、對治，貪觀不淨，瞋觀慈悲，癡觀緣起，慢則析根，疑復數息。三、伏斷，煩惱見伏在於地前，斷則見道。煩惱修伏，入地乃盡，斷必金剛。所知見伏在於地前，斷則見道，所知修伏，十地乃盡，斷於地漸，於金剛頓。四、離言自性無分別智，起八分別，出生三事，妄依緣事，及見慢事，貪瞋癡事。破遍計執，破惡取空，唯有平等，遠離分別，最勝空性，廣大勝能。五、四尋四實，尋思在煖頂位，如實在忍法位，必名義空、自性差別空，然後入地生如來家。六、善巧相應，三科善巧，乃能馭俗，如是六善巧，十善巧，開合隨情。七、後得智圓，生攝地行究竟瑜伽，圓滿菩提皆後智事，方願力智，輔助六度，遍周法界，亦後智事。八、轉識成智，修十波羅蜜，斷十地麤重，證十種真如，得二法轉依。無住涅槃四智心品應詳其事。如是八義，為唯識學染得捨事。

唯智學云何以捨染而取淨耶？無義、不義、非義，是捨染義。不異義、即義、平等義，是取淨義。觀一切法自相皆空，無實、無成、無轉、無滅入諸法相，知一切法無作、無能入諸行相義，增長覺分熟情嚴土義，以無所得為方便而求一切智智義，實相相應平等平等義，是為捨染而取淨義。既非為捨染，又非唯取淨，則如來藏事應辯而明。

一切染淨法種蘊八識中，名曰藏識。闡賴耶義者曰：無漏寄賴耶中轉。闡如來藏義者曰：煩惱客塵纏於藏識。實則染淨諸種子，共聚於藏識中也。種聚於一處，而《楞伽》曰：如來藏藏識者，是淨種所依。《密嚴》云：如來清淨藏，和合於習氣，變現周世間，與無漏相應，雨諸功德法，是也；唯識稱阿賴耶藏識者，能藏，所藏，我愛執藏，是染種所依。《密嚴經》說：變色翳見，生識作業，似色似我，無不依於賴耶而轉；《瑜伽》亦說本轉互生，是也。是則染淨有異，非識有異也！然賴耶詮種亦非唯染，唯識三性中談，分別緣所生，應知且說染分依他，淨分依他亦圓成故。是故《密嚴》以賴耶立教，曰：賴耶即密嚴，曰：如來清淨藏，世間阿賴耶，如金與指環，展轉無差別。蓋言淨藏賴耶，猶俗諦不異於真諦故也。

隨緣不變，非是真如，是八淨識。《密嚴經》云：識隨分別種，無思及分別；無處不周遍，見之謂流轉；不死亦不生，本非流轉法。賴耶本無過，過在於末那，無始戲論薰，變境彌世間，意執我我所，思量恆流轉，諸識類差別，各各了自境。賴耶為變薰，復增長餘識，更互以為因，相續而轉生，常無有斷絕，是故應斷七。唯識對治斷，作意在禦七纏縛，唯智迷悟斷，作意在八不隨緣。所趣不同故也。

唯智學何以染捨而淨取耶？一、歸依，通途為三，茲則取一。《涅槃》歸依佛性，《法華》歸依佛見，《密嚴》歸依密嚴，《勝鬘》歸依法身。二、信，佛體是信，皆有佛性，皆有佛體，皆得成佛，性自是佛，但無分別，一往直前。三、住，得無分別，支解不動。四、解行，聞法而覺悟，離文字分別，入三解脫門，是名為得悟。此聞法者，聞阿賴耶即如來藏之淨法也。唯識解行在一引發，唯智解行乃在一悟。五、法相善巧，色心不相應，有為與無為，皆是無分別，不同唯識詮後得智。六、四諦，以四諦而得涅槃，非由苦集滅道諦，非由苦集滅道智，但由平等實性，即是涅槃，苦滅非壞，常住自性而已。七、定，一依無自性，從初發心歷遍十地無有轉移。八、淨土，密嚴微妙善說賴耶，瑜伽所生勝於極樂。如是八義，為唯智學以捨而得取事。

涅槃學云何取淨耶？取淨者，取於畢竟義也。畢竟義者，常樂我淨之涅槃也。此常樂我淨之涅槃，唯佛為能，而說一切有情皆有佛性則皆作佛，是為一乘法畢竟義。四十九年最後說者，眾生外道四倒，是故最初方便引導說十二部經無常，而聲聞聞又四倒，是以最後開權顯實，說此一乘法《大涅槃經》常也，若使眾生早知畢竟空，聲聞能悟畢竟空，則早說一乘法常，不必最後說耳。說一乘法者，說眾生有佛性能得涅槃常也，若是，則佛性義應辯而詳。

成就恆沙佛法名為法身，即具足無邊佛法名為佛性。人有百體如佛法身，胎具人骸如眾佛性，唯見不見判顯不顯，是以異耳。此有法具，亦有人具，法具者：無明有愛，中間生老病死之苦，是名中道。《寶積》亦說：離二邊而處二邊之中，為中道也。以是故十二因緣名為佛性。佛性者：有因有因因，有果有果果，賅遍於一切，因是十二因緣，因因是觀緣智，果是菩提，果果是大涅槃；彼無明因行果，行因識果，則無明亦因，亦因因，識亦果，亦果果。以是十二因緣，不生不滅，非因非果，常恆無變，與佛性同，名為佛性。見一切空，不見一切不空，乃至見無我，不見為我者，不名中道；見空與不空，無常與常，苦之與樂，無我與我，一切平等，是第一義空，名為中道。煩惱即是菩提，香味無非法界，山河大地不現崎嶇，翠竹黃花盡成般若，此之謂畢竟義也。

人具者：上至後身菩薩，下至為一闡提，是為一切有情，佛說皆有佛性。闡提斷善，固無佛性，而言有者，世無真闡提，佛無決定法，此之謂畢竟義也。說畢竟義，尊極一乘，無別及二。是故乘急戒亦可緩，能教是乘者，長宿於少年邊，護禁於破戒邊，出家於在家邊，皆如婆羅事火，天奉帝釋，恭敬禮拜，供養捨身。四相說口密般若，身密法身，意密解脫，伊字密嚴。四依於昔，法不在人，故唯依法；四依於今，人乃有法，亦依法人。四諦則唯一真諦，四倒則常樂我淨乃不為邪，歸依不二，中道無二。此之謂一乘畢竟義也。

涅槃學云何取淨耶？見性而已矣。有眼見，有聞見，唯佛眼見，自初發心歷至九地皆為聞見，入地稍見而非了了，最勝微妙猶仗佛聞，故曰聞見。必如何而後見耶？亦戒定慧三學而已矣。經云：耳、戒、心、慧，修而後見。若不修身，則不能觀無常怨害入最初法門。若不修戒，善無梯磴，出生無地。若不修心，狂象無鉤，惡本不制。若不修慧，無明不壞，無漏安生，況能見性？唯見植基，如來於時丁寧重戒，曰：持究竟戒，持菩薩戒，為正法戒，為眾生戒，定共三三昧戒，性自能持戒。云何性自能持？持戒為心不悔故，不悔為愛樂故，愛樂為安穩故，安穩為禪定故，禪定為如實知見故，知見為生死過患故，過患為心不著故，不著為解脫故，解脫為大涅槃故，涅槃為常樂我淨故，常樂我淨為不生滅故，不生不滅為見佛性故。如是十三趣赴，曰戒而定而慧以達於見，皆自然得，法性爾故，是故性自能持。

經已復云：修定、慧、捨，得無相涅槃而能見性。定唯一境取色，慧則定中觀常無常，捨於定慧都不見相。既重戒矣，又何為修定耶？能知五陰出沒相故也。曰五智三昧，無貪，無過，常念，身意專淨，因果俱樂。曰六事三昧，觀骨，觀慈，覺觀，觀生滅，觀十二緣，阿那波那。如是七覺分，八解脫，九次第定，十一切處。如是空三昧門，金剛三昧，首楞嚴定，無量百千均應修習。云何修慧？了知世出世，總別破，四真諦，不逸莊嚴自在，惡果善根煩惱。云何修捨？定空，慧無願，捨無相，無非詳說三三昧耳。經又云：修八聖道見性，讀經見性，十二部外聞《涅槃經》，雪山忍辱餘草不同。又云：十法見無相涅槃而見性。信戒近友，寂靜精進，觀諦六念，軟語護法，給伴具慧。又云：菩薩以十法稍稍見性。少欲知足，寂靜精進，止念定慧，解脫讚解，涅槃化生，如是諸義，為涅槃學取淨事。

上來捨染取淨，教中三學，分別而詳，實非圓相。然摩尼以方，各呈其色，水火非一，莫可聚談，既別不淆，便可總說。經云伊字，離亦不得，合亦不得，縱亦不得，橫亦不得。一道清淨，離則二三。法相不亂，合相斯淆，一剎那事，縱則三時。法無高下，橫則左右主中。經云：伊字三點並則不成，縱亦不成，別亦不成，解脫之法，亦非涅槃；如來之身亦非涅槃；摩訶般若亦非涅槃；三法各異，亦非涅槃；如是則必一法具三玄，一玄具三要。

凡一法上，具法與相，法身為性，唯識為相，相應於性，厥稱般若，此所謂一法具三玄也。如涅槃二邊，平等平等，無非中道，此之中道，瑜伽分別上非空非不空中道，般若因緣上空假中道，皆邊不執於一，乃玄則具於三。又涅槃寂滅，其寂靜寂滅者解脫，其無損惱寂滅者大悲般若也。如唯識二空所顯，二空則般若無所有，所顯則涅槃無邊德。又唯識說二轉依，菩提是般若果，涅槃是法身果也。如般若實相方便，實相無戲論，則擇滅無為，方便法圓滿，則法身沙界。又般若如來藏，空如來藏則解脫，不空如來藏則法身也。此所謂一玄具三要也。

解脫道生剎那證覺，一念般若相應即佛，佛藏出纏即是法身，豈有如來不通一切。夫明星徹悟，唯一毫端，此一毫端，在唯識家言是識，在般若家言是智，在涅槃家言是性；然極位了識，大覺稱智，唯佛見性者，平等平等是佛境界，識智與性，不囿一隅，不離一隅故也。譬如神珠，輝室止塵，百端妙用，而唯是懷中一粒；譬如朗月，遍照三千，陰晴圓缺，而止是中天一輪。作如是觀，或相契有期歟！

復次般若唯是名，法相又稱相，相無名亦無，何處有分別？唯識唯智學，歸於無分別，法身無分別，直趣於智如。唯識立依他，般若遣遍計，法身即成實。八忌隨七緣，三學要在是，總之教肝髓，在一無分別。我有情理義，情為有主宰，龜毛兔角喻，無即說為無；理為寂滅本，燈滅爐猶存，有即說為有；有我無我二，中道如實說。經云：如來有因緣故說無我為我，而實無我。雖作是說，無有虛妄。有因緣故，說我為無我，而實有我；為世界故，雖說無我，而無虛妄。佛性無我，如來說我，以是常故；如來是我，而說無我，得自在故。

三昧四

參禪貴在死心，學佛要先肯死。肯死云者：決定一往而已。是故三歸乃曰歸命，八念修於死想，若不如是，任爾六度萬行，如意隨心，三藏十二部，懸河舌辯，而一隙捎於幽隱，知見必留世間，則千仞之堤潰於一蟻，星星之火勢至焚天。若不如是，安能難行苦行，大作功德？捨身飼虎，割肉稱鷹，求得法而斷臂，求弘法而抉明，皆不能辦；為悅群情，俔俔伈伈，世無拔俗，大丈夫雄。若能如是，則獨往獨來，縱橫上下，世無險巇魔難，徑路雖絕，而風雲通。若能如是，則何玄不證，一乘畢竟空，涅槃一切智智，斯可問津。堂奧之基也，木之本，水之源也，烏可忽也？既植基本，禪乃可談。曰三十七菩提分三昧，曰三三昧，曰金剛三昧，曰一行三昧。為唯識唯智及涅槃學修是四三昧，若論禪定，百千億萬無不俱修。

菩提分三昧者：菩提是宗，其總猝難，方便修分，有三十七事。曰四念處、四正勤、四如意足，為解脫分最初修事；曰五根、五力，為抉擇分事；曰七覺分，為見道分事；曰八正道，為修道分事；如是菩提分能總得菩提，其基則在四念處，四事推之至極，則如來事矣。此無著中邊義也。龍樹亦言：三十七菩提分法至涅槃城，其根本在四念處也。《涅槃》亦云：我說梵行是三十七助道之法，離三十七品不得三乘果，不證菩提，不見佛性，修集三十七品入大涅槃，常樂我淨。

四念處者，通言觀身不淨，觀受是苦，觀心無常，觀法無我是也。蓋有漏生死身，非常樂我淨，而無常苦無我不淨也；無漏法身，即其無常苦，無我不淨，而得常樂我淨也。小乘身處不淨五相，生處、種子、自性、自相、究竟，而詳於九想觀。小乘受處有漏皆苦，無漏不苦，心不著故，雖然無常，不生憂悲苦惱故，道諦攝故，不離三三昧十六聖行故。小乘心處過未心無，現心去疾不嘗受樂，生滅如幻，念念不停無有住時，不得實相。小乘法處法識是心相，非神我相，心則顛倒，顛倒計我，何以不他身中啟我。小乘四念處，有性有共有緣，如千難品中詳。小乘四念處三界俱有，其三十七品初禪都具，未到除喜，二禪除行，中間三四除喜與行，無色除喜行語業命，有頂除七覺分八正道分，欲界亦然，此聲聞觀也。

摩訶衍身觀者，觀內身為行廁，緣成身車，識牛牽旋，是身無堅無常，相不可得，不覺無知，如牆壁瓦石，菩薩觀知是身非我身，非他身，不自在，是身身相空，妄緣所生，是身假有，業緣所屬，是身不合散來去生滅依猗，循身觀無我故空，空故無相，無相故無願，緣合所生，緣亦無相，是為觀於實相。摩訶衍受觀者，觀內受無來去，但妄想生屬先業緣，不在三世，觀知諸受不合散生滅入不生門，不生故無相，無相故不生，如是知已繫心緣中，心不受著亦不依止，入空無相無願三解脫門。摩訶衍心觀者，觀內心三，相無實，不在三世，不在內外中間，妄緣合生，外緣內想，強名為心，相不可得，無相無住。無生者，無使生者，無合散三際形對，無我無常無實。性不生滅，是靜，客塵相著名不淨，智者觀生滅不實不分垢淨，而得清淨不為塵染。摩訶衍法觀者，法不在內外中間，不在三世，妄緣合生無實無主，相不可得。無合無散如空如幻，性淨不污，以無所有故，心心所乃虛誑故，法非一異緣生無性，是為實空。空故無相，無相故無願，無願故不見法生滅，入無生法忍門。此菩薩觀也。

更有大乘觀法，《大薩遮尼乾子經》：四念處有二義，初義如般若，二義者，觀身念處是淨義邊，我今因不淨身故得淨法功德身，得一切眾生樂見身。作是觀已，能淨二行，一者無常，二者常。觀一切眾生身畢竟成就諸佛法身，以有法身得平等心無分別心，不起諸漏。觀受念處，眾生受苦而起悲心，眾生受樂而起慈心，不苦不樂而起捨心。觀心念處，觀於自身菩提之性不忘不失，正念不亂，如自性相，眾生亦爾；如自心空，眾生亦爾；如自心平等，眾生亦爾。觀法念處，不著常見，不著斷見，行中道見，以法眼觀，不著不失。

三三昧者：經言：菩薩以空無我行相攝心一趣，名空三昧；以寂滅相攝心一趣，名無相三昧；以苦無常行相攝心一趣，名無願三昧。聲聞定多常觀空門，菩薩慧多常觀無願，如來則定慧平等常觀無相。又一相無相為空，無實成轉滅入諸法相為無相，無作無能入諸行相為無願。經言：依此三門能攝一切殊勝善法，離此三門所應修學殊勝善法不得生長。能學如是三解脫門，亦能學真如法界三科、四諦、六波羅蜜、無量無邊一切佛法，以三三昧總攝一切妙善法故。龍樹亦言：唯佛一切智智能達諸法實相，而菩薩以三三昧門得實相慧亦無所不通。三三昧是實法，四念處是方便，行首自三十七品至涅槃城，從三三昧入涅槃門。夫無生法忍，必先以柔順忍而乃無弊，習定趨勢然也。六波羅蜜，般若主也，而必導以五度。三三昧般若也，而必導以三十七品。三十七品亦般若也，而必助以諸禪定法。

龍樹有言：入三三昧有二種觀。一者得解觀，二者實觀。實觀者是三十七品，以實觀難得，次第說得解觀。欲界心散亂，當依上界禪定，四梵，八背捨，八勝處，九次第定，十一切處中，試心如御試馬，曲折隨意，然後入陣。得解觀中，心相柔軟，易得實觀，用是實觀得入三涅槃門。一者空門，觀法我空，緣生無作者無受者。二者無相門，無有實法，但有其相，而男女相一異相皆不可得。三者無作，既知無相都無所作。三定是慧，而說三昧者，定得實相，慧不從定來則狂心發語；又三既三昧，而同慧來者，定不獨生，力不獨作，三昧如王，慧如大臣，君臣共營，行乃得成。空有二行，曰空無我，無相四行，盡滅妙離；無作十行，無常苦集，因緣生道，正與跡到；是三門於四禪、未至、中間，及三無色皆無漏性故，或繫為有漏不繫無漏故。初在欲界，成就其行在色無色。

若摩訶衍三三昧者，則不同小。小空生慢，學無相門滅取空相，於無相中復生戲論，學無作門，不起三業不求三界生身。大則三三昧是一法門，以行因緣說有三種。法空名空，空中不取相，是時空轉名無相，無相中不應作為，無相轉名無作。不得一時入城三門，直入事辦不須二門，通途更塞由他門入。小空緣苦諦攝五蘊，無相緣一法謂數緣盡，無作緣三諦攝五蘊。大則通緣諸法實相，以是三昧觀諸世間，即是涅槃。佛或一時說於一門，或說三門。見多說空，緣生無性，無性故空，空故見滅；愛說無作，法無常苦，從因緣生，見已厭愛，即得入道；愛見等者為說無相，男女等相，無故斷愛，一異等相，無故斷見。菩薩遍學知一切道，故說三門。《分別瑜伽論》，修瑜伽法不離三三昧，有教授二頌：菩薩於定位，觀影唯是心，義想既滅除，審觀唯自想；如是住內心，知所取非有，次能取亦無，後觸無所得。義想滅除為空門，所取非有為無相門，能取非有為無作門。分別瑜伽既不得來，修三三昧從般若說。又《大乘經莊嚴論》說五現觀伽他，如攝論引。

金剛三昧者：最後最上三昧也。念處為初，金剛為終，三昧乃全。夫禍患生於七識，非三昧不能屏除。四惑相應，無明住地，有覆無記，日夜思量，起執計我，七識性也。唯識家言：金剛道後，執種盡淨，二障伏斷，至此乃圓。唯智家言：安住如幻五取蘊中，了知實相修金剛定，住此定中除如來定，一切三昧具能入住，然一切界都無所得，超諸聲聞證入菩薩正性離生。涅槃家言：修大涅槃得金剛三昧。譬如金剛，堅實無比，所擬之處，無不破壞，而是金剛，無有損折，無常無實，破散一切諸法，雖行六度，不見有一眾生。譬如金剛，寶中最勝，摧伏難伏，一切三昧悉來歸屬。譬如金剛，淨見無礙，生滅出沒，如坐四衢，觀諸眾生去來坐臥。譬如金剛，摧破煩惱，終不生念我能壞結。譬如金剛，於一念中，變佛無量，斷沙界惑，一色現多，一音解普。是則研窮三學，金剛三昧，為毀破七識而來。或阻七不擾，或安八不隨，或寂滅而靜，乃知金剛三昧為窮源究委之大定也。得此三昧，近佛乃能，隨順趣向，亦凡夫法。但知空門方便可修，不必定證實相也。

無著《金剛論》：如畫金剛形，初後闊，中則狹。是般若中狹者，謂淨心地，初後闊者，謂信行地，如來地也。《般若經》：行引修學，初以般若力破蘊令空，入寂相後出住六情，還念寂相知一切空，地前行慧如金剛初闊也；不可說有無，言語道斷，初地引慧如金剛中狹也；入甚深禪，又以般若破禪與禪緣，二地或七地以去，修慧如金剛後闊也。初中後三皆從事摧破，學一切法而學無相，除遣一切是學無相；不住有想是學除遣，是為能破。成實家言：金剛三昧，實唯一空。般若家言：金剛三昧，唯是實相。以一實相，遇法遇行，無一摧破，則修金剛三昧也已。

一行三昧者：菩提非智，煩惱非惑，而實相同；四諦非以諦證，非以智證，而平等得。第一義諦分別都空，一相無相是為定相；塵塵沙界，都現太平，一色一香，無非中道，不將迎於一法，亦不遠離於一法也。於此有疑：金剛三昧，破壞於一切，一行三昧，收容於一切，豈非相反，何可相成？然無疑也，皆無想也。說此無想法，是諸法除遣，即此無想法，亦諸法不背。但能無想，兀兀騰騰，不著一念，瀑流恆轉，捐不相隨，則破壞與收容，無相妨礙歟。於此又疑：四念處定為無常苦與無我空，而一想定則常樂我淨，豈非相反何可相成？然無疑也，皆實相也。有漏實相無常苦無我空也，無漏實相常樂我淨也。一相實相非常非無常，非凡外常，非聲聞無常也。解脫對治是謂非常，般若實相非常非無常，法身中道一切是常，三德一時，云何相反而不相成。是之謂一行三昧也已。

復次，龍樹有言：小乘修定以定為近門，大乘反以戒慧為其近門。蓋言修定不可執定於定也。數息觀不淨觀者，最初修習，佛常為教，佛弟子舍利弗等亦以接群。龍樹有言：是二定者，誠甘露法門也。無著六門教授習定論，舉止捨亦至要也。

文字五

文字般若能嫺，而後觀照般若不謬；觀照般若既習，而後實相般若相應；故文字之功斯為至大。如來讚嘆，月夜毗曇，佛弟子從事設界結集是也。文字之研，亦為最始，無著重多聞薰習，般若重十法句義是也。從十二部出修多羅，於是有大小通慧文字；從修多羅出方等經，從方等經出般若波羅蜜，於是有相性二慧文字；從般若波羅蜜出大涅槃，猶如醍醐，於是有究竟極慧文字。

通慧文字，諸學由來，捨此無基，故為俱舍立科，此菩薩行道相智中之一切智也。二慧文字，因果差別，行乘兩輪，故為瑜伽立科，為般若立科，此菩薩行道相智中之自乘法也，此龍樹，無著學為菩薩行自分學也，此玄奘，羅什諸譯為菩薩行根本文字也。極慧文字，江漢所趣，一切一味，故為涅槃立科，此菩薩行道相智中之一切智智也。甚矣！畢竟空難知，如來垂寂夫乃昌言，學者粗鈍安可驟悉？然佛境菩薩行既已立教，如何佛境，如何菩薩行，不明極慧一切懵然，自始至終都非全相，舉足下足滯於一隅，所謂媛媛姝姝，一先生談，烏足以談佛法也？萬派朝宗，先須的認，峯非止境，愈擴愈弘，弗云解耳，將以行證；弗云初耳，種不可誣。是故四科文字，應須悉嫻，初必分詳，繼應融貫，四科闡義，當於別明，四科讀法，應於今敘。

初俱舍文字科。是科應分三段以次研讀，初有部經部，次《俱舍》《正理》，後《雜集》《毗曇》。且初有部經部者，五事分部，曰上座、大眾。大眾由《增一阿含》來多大乘義，義必分別，如大中道不執一隅，是故二百年間，即分九部，皆可謂之分別論。有部從六足而來，一味和合，三百年初始有雪山上座，時分別論則勢極盛行，世友惡其不純，建立《發智》，號一切有，崇論如經方之曰身，六足雖師儕以為足。五百羅漢復為廣論曰《毗婆沙》，敘一切異己，盡情斥毀以定一尊，此雖武斷無情，而諸部凋傷，反因此而猶存梗概也。道非決定，心豈畦町，雖三百年，犢子、正量相繼敦本，而化地、法藏極端相違，更出飲光亦難阿順。迨四百年經量部出，其所諍理，視化地之乖為尤烈也。

經量部者，初為譬喻，不遵《發智》而法句是崇，童受著書，喻鬘癡鬘，幾等莊嚴；阿梨跋摩，亦譬喻師，《成實》論義，多符一心也。由譬喻趣進經部，其譬喻之細心一心同於攝論一類師者，難以自存。經部細微隨界多界救義以生，既足以破婆沙，又足以啟大乘，此真部執之最上者也。室利羅多無慚上座，經部《毗婆沙》惜未傳來，更有世親之師曰佛陀蜜，又有世親後出曰婆藪跋摩，作《四諦論》粗細具詳。蓋始於《出曜經》，終於《四諦論》，研而有系，經部之說思過半矣。是為初段有部經部也（經部一段採用呂秋說[1]十之八九）。

次《俱舍》《正理》者，世親用經部義，破有部執，學《婆沙》於迦濕彌羅，作《俱舍》於犍陀羅國。新薩婆多眾賢崛起，救返有部大破《俱舍》，作《顯宗論》及《正理論》。《顯宗》明自，《正理》破他。西城稱《俱舍》為聰明論，世親則稱《正理》為有思想而為命名曰順正理。一斥雹論，一云正理，度何至哉？二論諍義，應值鑽研。奘師所聞西域眾說，均授普光，則《光記》其最也。圓暉遁麟雖有精華，然順有部不可訓矣。是為中段《俱舍》《正理》也。

後《雜集》《毗曇》者，《雜集》一分救《俱舍》一分闡法相。其一分救《俱舍》有三義，曰阿毗達磨，曰組織規模，曰隨順經部。且初阿毗達磨者：《俱舍》是名曰《阿毗達磨俱舍論》，《雜集》題名曰《大乘阿毗達磨雜集論》，均為阿毗達磨。以《雜集》一分闡述法相別之曰大乘，以蘊處界廣分別有三十八種法門均之曰阿毗達磨。《俱舍》之阿毗達磨為世親小乘之終，《集論》之阿毗達磨為無著大乘之始。無著《集論》固自用阿毗達磨法門以分別大乘法相也。至安慧《雜集》則意取大乘法門以救其阿毗達磨之《俱舍》矣。

組織規模者：安慧救《俱舍》而糅《雜集》，規模針對獨在《發智》。《發智》組式，法則為三科，修則為四諦，凡敘一法而皆以攝相應成就法，立自簡他。《雜集》三科四諦正用《發智》法修，攝相應成就亦用《發智》工具，但於各門俱增大義數條而已。至於論品，則作論辯論悉詳，而於因

1 《呂氏春秋》，又名《呂覽》，為秦國丞相呂不韋召集賓客所作的一部綜合巨著，共二十六卷，一百六十篇，全書分十二紀、八覽、六論三大部分。

明亦所不離，猶《解深密》成所作品之用意也。

隨順經部者：此正營救《俱舍》之至意。《雜集》敷義誠不若唯識微妙無疵，《唯識述記》辯論所在，亦不僅數條，披尋自了，不用贅談。《雜集》營救姑敘三義，世親弟子營救俱舍不獨雜集。光記所敘皆從西域師來，最宜用意。以是三段義，是故此科應讀《婆沙》、《六足》、《出曜》、《成實》，及《四諦論》，而終之《正理》、《雜集》。《俱舍》之研，足殿小乘而業告成。

次瑜伽文字科，是科宗在捨染，《解深密經》說十一麤重故。宗在捨染，故先須讀《辯中邊論》。相障真實以染為境，對治菩提分捨染為行，分位得果不淨淨不淨清淨，五果十果三乘通以擇滅為果也。獨提般若無上大乘，金剛十句，遠離二邊為中邊立論，捨染而直證菩提也。《中邊》熟讀，此科得髓，乃足廣研。應分二門，唯識法相，法相糅古，唯識創今；法相廣大，唯識精純；顧法相結局亦必精微，而歸諸唯識，故總曰唯識學。唯識學有二要：一匯小，溯部執溝澮大乘江河，法來有自，法通無衰也。二匯大，統散漫奔流歸汪洋瀛渤，彼惡取空方廣道人無勢也。不研唯識，其心不細，易入歧途，其陋不除，易流儱侗。是故學佛入門須始唯識。

唯識門者，始研《攝大乘論》，終讀《成唯識論》。中間開鑰，有「二十唯識」、「百法明門」。《攝大乘論》立染污末那，成藏種賴耶，是為創建，以是談依；三性緣起，以是談相，是為對小之境。無分別入，而因果差別十度十地，依《般若》、《華嚴》，又三學增上，皆對小之行。斷從無住，智敘三身，又對小之果。古人著書樂說創立，而悉有阿舍。攝論綱目十相，本《阿毗達磨經》，境行果三，摹《解深密經》是也。攝論創初，持義未審，成唯識廣，博大精微。此科大本，淵深挹注在「成唯識」，故讀斯論應大研求。論分相性位三段，相以能變所變有支三性為詮，性以真如識性為詮，位以漸次得果為詮。其能變中五教十理而立八，二教六理而立七，創而有因也；三性依他以毗曇義敘也；其間種薰四分，三依四緣，義至多也；最初別破，外小我法，學至博也。

此科創立於無著，而光大於世親，世親而後繼續有陳那，而集成於護法。十大論師，[2]難陀、親勝雖有別立而勢甚微，唯獨安慧與護法義乖諍至多，厥後清辯亦與護法諍辯尤烈，非復聰慧，夙習，陳義能微，而誰堪語是？後有法稱，其學不純，從其說，種種過生，西域以是而止，東土因以開宗。奘師學法相於戒賢，學唯識於勝軍，出其門者厥有二派：一為窺基，[3]百本疏主，現存《述記》、《樞要》、《別抄》，輔以《法苑義林》而已。靈泰《疏鈔》，智周《演祕》，道邑《義蘊》，如理義演，皆此派附庸。而慧沼[4]《慧日論》[5]、《了義燈》[6]，則此派千城，陳述敵義，猶《毗婆沙》足存諸家梗概也。

---

2 指為《唯識三十頌》作釋論的十位論師。具稱唯識十大論師。包含：護法、德慧、安慧、親勝、難陀、淨月、火辯、勝友、最勝子、智月等十人。

3 六三二—六八二，唐代高僧，京兆長安人。協助玄奘翻譯外，也對新譯經典作了詳細的注疏，有「百部疏主」之稱。著有《大乘法苑義林章》。

4 六五〇—七一四，先後師事玄奘、窺基，精通法相唯識之學。世稱「淄州大師」，與窺基、智周並稱「唯識三祖」。

5 即《能顯中邊慧日論》。唐代慧沼撰。依法相唯識宗旨，闡明一乘三乘、種性、佛性等實義，破斥玄奘門

一為圓測，籍雖不多，視所對辯，亦知其略。秦賢[7]《學記》[8]集敘多家，可當讀本。自此而後，微乎渺矣。陳那[9]之《觀所緣緣》、《掌中》、《觀相》，清辯[10]之《掌珍》，鳳毛麟角此方猶存，以研唯識至足寶也。

法相門者：略於《雜集》廣於《瑜伽師地》，中間《五蘊》、《莊嚴》是其將伯。《雜集》三科四諦，攝相應成就，式雖小用而義則大粿。《瑜伽師地》五分十七地，汪洋廣博，法相之繁翳誰能並？本地分境攝九地，行攝六地，果攝二地；抉擇分則抉本精華而立新義，瑜伽自分盡於此矣；更解經儀則曰釋分；釋名義別曰異門；釋三藏三學要義曰事分；又因論生論而廣大之也。本地行六地中，菩薩學相最要，真實義外在力種姓，《莊嚴》於是開一為六。《瑜伽》大悲百十一苦所緣生起，《莊

人法寶所立之「一乘佛性究竟論」，本論總有四卷，而總立三大章

6 即《成唯識論了義燈》，祖述窺基之說，責難圓測、圓義、普光、慧觀等之異義，一一評斥諸家之異說。

7 疑為「太賢」，唐代法相宗學僧，號青丘沙門，生卒年不詳。壯歲入唐，依西明寺道證學習唯識。著作甚多，撰有《成唯識論學記》、《起信論內義略探記》、《梵網經古跡記》等。後歸國傳慈恩之學，時人譽之為海東瑜伽祖。

8 即《成唯識論學記》，此論略以三門分別。一顯宗出體門。二題名分別門。三解釋文義門。

9 生卒年不詳。為瑜伽行唯識學派世親論師門徒，除宣揚其師觀點，亦改革佛教因明學。

10 南印度秣羅矩吒國濱海秣剌耶山人，出身剎帝利，曾至中印度學習大乘佛教與龍樹的學說。藏傳佛教傳說，他與佛護、解脫軍同為僧護門下。

嚴》大悲三十六偈相用分別。詳其異處《瑜伽》糅古不盡，《莊嚴》又踵事增華。抉擇菩薩功德破惡取空，糅《寶積經》十六相義為教授資，引《解深密》全經不遺為研求依，此其心中心要中要也。

若夫糅古觀其所詳，則五分皆有，不獨一二；尋伺三地，糅《緣起經》。三摩呬多，糅《出離經》、《離憂經》、《蕩塵經》、《靜慮經》、《三相思維經》、《四檢行定經》、《四趣道經》、《四淨勝經》、《五支經》、《心清淨苾芻思惟五相經》、《六出離戒經》、《六境不受想無想經》。思所成地，糅諸《伽陀經》。聲聞地，糅《師子吼經》、《普賢經》、《難陀經》、《七日經》。菩薩地，糅《轉有經》、《無盡意經》。此本地分所糅古也。抉擇尋伺地，糅《出愛經》、《八苦經》、《三士經》。抉擇三摩地，糅《身念處經》、《摩訶俱瑟恥羅地因緣經》、《眠經》。抉擇聲聞地，糅《月喻經》、《伐地迦經》、《乞食清淨經》。抉擇菩薩地，糅《五種過惡經》、《尸佉羅迦經》。此抉擇分所糅古也。至若釋異門事，彼三分中之多糅四含。糅古無邊，此唯大略。總之不熟十二部，不足知瑜伽海若之弘，而不嫺瑜伽，不足解十二部幽玄之妙，能容而後廣，多集而後大，枯守五分囿十七地，而曰瑜伽師在是，吾不敢知也。

或曰：《瑜伽》百卷，多文從節，曷讀《顯揚》？然《顯揚》闡教，非節《瑜伽》，《瑜伽》糅古，《顯揚》又糅《瑜伽》。九重四淨義，勝抉擇義、則捨染取淨之所以立教，七種善巧，乃九事中泛應曲當之根。四無倒品，現觀瑜伽及不思議，又九事中無邊功德之積。糅古立教，九事四相與勝抉擇，名之曰攝；創新樂說，所餘八品，名之曰成。以《中邊》始，以《顯揚》終。此所謂無著無上學之歎！

三唯智文字科。是科宗在捨染而取淨。有漏種依淨藏，而七識執取賴耶；無漏種寄染藏，而八識隨緣末那。《密嚴》滅胎藏染生，斷我識害，則七不執取；《密嚴》標如來淨藏，悟無分別，則八不隨緣。實相般若，法法不其戲論，則七不執取；方便般若，念念一切智智，則八不隨緣。此拔本塞源之學，亦即捨染而取淨之教也。嫻唯識後，繼之唯智，從事淨藏，不滯染藏，賴耶不隨緣，得捨染頓義，以是見佛慧之大也。是故學佛升進，應研唯智，龍樹學者，唯智之最上學也。《龍樹傳》中，敘龍樹學厥有四分：一者《無畏論》十萬頌，《中論》及釋，學之宗主，義之精奧，悉於此詳，是為總中論。其支有三，抉二十七品之十二品為入門之徑曰《十二門論》；補三相品中未盡義曰《七十空論》，漢無藏有；闡觀緣品餘義曰《迴諍論》；此一分說，是創立義，是精微義，義明中道，中道是二諦，而歸旨於一相無相。補《中論》缺使之大備者，其唯提婆乎？有四宗論而邊見可以包容，舉假實義而二諦更不落虛，其龍樹之三益者乎？四百論中之《百論》及《廣百論》，此土倖存矣！繼起有羅睺羅，[11] 釋八不義以常樂我淨，讚般若義以二十二頌，亦足多也。釋《中論》有八，此土唯來其三。青目本《無畏疏》，是以極純，安慧清辯如何可及？《般若燈論》品品最後引大勇猛證畢竟空，餘所不談，俗有真無之說因是以立，而大異於中觀正論。月稱之後，轉展互破，以是膠葛不寧，而《中論》學晦矣！清辯《中觀心論本釋》、《中觀攝義論》，亦彼破瑜伽正異說之書歟！八家之說，

11 相傳生於古印度北部迦毘羅衛國，為釋迦牟尼佛與耶輸陀羅的獨生子。跟隨釋迦牟尼佛出家後，成為十大弟子之一。

佛護[12]、寂護[13]略見引於《燈論》，唯然燈智不詳。

二者《大智度論》十萬頌解《般若經》，《般若經》十六分，前五全敘，中五散出，後六分詮六度，而最後一分詮畢竟空。《智論》所釋在前五之第二，析為五般若，曰舍利弗、須菩提、信解、實相、方便。《智論》釋最初序品百一十法門，已得三十四卷，以後除經文二十七卷，唯三十九耳。什公云：論十萬頌，若都詳譯何止千卷，此方根劣譯十之一，釋經之論但順文解而已！然方便般若陳義絡繹，猶足資挹，而於《中論》實大有裨，如云先說分別後致之空，如云若不執取佛亦說四緣義，是其例也。若使全譯，所可取者不更多歟，悲夫福薄，實無可言。此一分說，是糅古義，是廣大義，未見其繼，東土三論，亦不稱四，是何故耶？

三者《十住毗婆沙論》五天頌解《十地經》，今所譯存但初二地，已十七卷，若使全譯，無適百卷，汪汪廣博《智論》之倫，忍進止觀修習無路，方願力智圓滿難知，應發大願繼述什公。

四者《菩提資糧論》五千頌闡菩提分義。《資糧》其始，《中論》其至，《智論》、《婆沙》又復廣博。其斯為龍樹學也歟。

《密嚴》是唯識唯智之通經。詮五法三自性、八識二無我之為教，三界輪轉源於賴耶，與唯識

---

12 四七〇－五五〇，印度佛教僧侶，與清辯同為僧護大師門下，在印度中觀思想史上占有重要地位。

13 七二五－七八八，西藏佛教人士。將印度佛教傳入西藏。主張綜合瑜伽行唯識學派與中觀學派的觀點，建立了隨瑜伽行中觀派。著有《中觀莊嚴論》。

同。然獨尊如來藏，賴耶即密嚴，心境界非真，真為慧境界，悟無分別，生密嚴國，豈非與般若同歟！《密嚴》云：《十地》、《華嚴》等大樹與《神通》、《勝鬘》及餘經皆從此經出，如是《密嚴經》，一切經中勝，據是則《華嚴》、《勝鬘》、《楞伽》，皆是通經也。《華嚴》為唯識六經之一，又與《般若》安住一切智智，世親注《十地》，龍樹釋《十地》，地前三方便，十地斷十障，漸次而行布，與唯識同；位位皆成佛，一切入一切，行布而圓融，與《般若》同，詮根本無所得，詳後得無邊行，總別同異成識壞，妙義重重，唯識唯智之通經決然矣，《勝鬘》詮如來藏，自性清淨心而為客塵所染，與唯識同；說滅諦常住，自性清淨離諸煩惱，與《般若》同；亦唯識唯智之通經歟。《楞伽》與《密嚴》，皆以五法三性八識無我為教，與唯識同；《楞伽》與《密嚴》皆詮如來淨藏，與般若同；是不亦唯識唯智之通經乎！經固有通，學何必封。龍樹無著，如車兩輪，慎毋惑解經家誤陷迷途可也！

四涅槃文字科。此科以《大涅槃經》為大本經，說一乘，說常，說佛性，說一乘以《法華》為先導，諸說一乘舉有七經如先所說；四教醍醐亦如先說。如來四十九年說無常義，臨入涅槃乃說常義，開權顯實，法住是常，如來不滅常是法身，樂是涅槃，淨是正法，而我則是佛。眾生雖未成佛，而有成佛之性，後必成佛，於是大師子吼說眾生皆有佛性，以視《法華》開示悟入佛之知見得一切智智，更別具以一義也。夫木有其本然後扶蘇，水有其源然後江海，人有佛性然後成佛，是蓋與人以決定義，俾知作佛，更有依據，無所恐懼，斯乃不可不治之經歟！說法以涅槃最後，設以涅槃究竟，研學以涅槃圓融，文字以涅槃美滿，是故學佛畢事，應治涅槃。

涅槃遵據世親《涅槃論》，立四句義以讀經。起《哀嘆品》訖大眾所問為法句。起《現病品》訖高貴德王為法行句，《師子吼》為法義句，《迦葉》《憍陳如》為法用句。最初三品敘當時事，非四句攝。法句之法，即《常性經》三，云何得長壽，凡二十三偈，作三十四問，佛就《常性經》三，深微奧義，一一酬答，則法句也；法行為五行十德，皆一乘之由來，葛藟庇本，勿傷於斧尋，天豈階升，而通於方便，則法行句也；法義有二：一明佛性辯眼見聞見，二明涅槃修道見性讀經見性。佛性雖同，見不見異，而聖凡各別，則法義句也；法用為一用根，二用諍，三用分別，四用隨自說，皆如來境界，則法用句也。此略提綱，若欲詳談，見諸別冊，此經以外有諸附庸，曰《金明光經》，詳法身義，曰《大法鼓經》，詳如來解脫義，曰《大雲經》，詳法界義，詳四倒四不倒義，始舉一二以例其餘。

《大涅槃經》有四大要：一戒，二定，三修，四三德相應。戒亦為涅槃，由戒而定而慧以相應於寂滅，若非為涅槃，則戒可緩，經所謂乘急戒緩也，經所謂為取祕經戒亦可犯也！定亦為涅槃，金剛三昧、首楞嚴三昧、入無餘、入無相、入大定窟，若非為涅槃，則世界禪定，四禪三空三界流轉，亦何所為？修亦為涅槃，五行十德舉足下足皆涅槃道。《無量義經》四諦十二緣，法猶是也，而義則大異於緣覺聲聞。若非為涅槃，三學不出生死，亦何異牛狗炙身之苦，一類威儀之拘，邪執邊執之惑歟！三德相應，更為大般涅槃。經云：解脫之法，亦年涅槃！如來之身，亦非涅槃；摩訶般若，亦非涅槃。解脫非涅槃者，聲聞無大悲，亦耽寂滅，必真如出所知障大悲般若常為輔翼，必如來藏出纏法身盡未來際作諸功德，乃大涅槃也。法身非涅槃者，佛常非入滅，佛我大自在，必悉佛境無過非尼夜摩性，又必知佛境證空為畢竟全空，乃大涅槃也。般若非涅槃者，有得即煩惱，有證非菩提，必觀縛解都無所得，又必本法界以學一切，乃大涅槃也。

諸學佛人，毋謂侈談凡非聖境，新學菩薩，文法窮源，不數年間，必知梗概。先得佛之知見，念念皆一切智智。則無論何科，所學歸極，滴滴赴壑，法法登峯，豈不懿歟？若不知通，昧於其的，任學何科，都墮嵎負，大道自全，得少為足，又如之何其可哉！

復次四科之外，為論議資，又必學習因明。此學必尊陳那，籍重理門，三十三過以研似立，十四類以研似破，皆理門所生也。學中藝伎，日研日精，後有作者，必勝於前，月稱而還，應留意焉。

（《內學》第三輯）

辨虛妄分別

虛妄分別，凡諸經論，如《楞伽》、《瑜伽》、《顯揚》、《中邊》，皆詮依他性；而以之詮一切法相，則《辨中邊論》與《辨法法性論》獨舉。藏傳彌勒五論與奘師彌勒五論書不相同，是大問題，迄未解決，對於此事安能遽然率然？然譯者既從藏譯五論，則藏人談《辨法法性》時與《中邊》相提並論，謂其說依圓實有而遍計實無，如隆都喇嘛[14]集內《慈氏五法名數錄》即有此義，譯論者不應於此加之意歟！《辨中邊論》談一切法法相以非空非不空為宗，空是其無，不空詮有，蓋有無並舉也。虛妄分別有，言亂識上見相二分是有也；於此二都無，言亂識上所無者是二取也；此中唯有空，言亂識上所有者是空性即法性也；於彼亦有此，言空性上所有者亦此亂識也。亂識從因緣有生，不從計執無生，其相如幻，其體是有，所謂其中少有亂識生是也。亂識非實有亦非全無，許滅解脫故，謂於亂識相見分上，擇滅二取計執，解脫二取纏縛，種種聖道許以慮託，若亂識全無，安所慮託歟！所謂有無並舉非耶？今譯《辨法法性論》，談一切法法相，詳其趨勢乃在無邊，蓋非有無並舉，以宗

14　一八〇五—一八一五，第九世達賴喇嘛。

其非空非不空也。實無而現，無義唯計，無而現有，無有別非一，有無無別非異，最是有無一異一頌，則竟以全無義邊談法相也。

夫談唯識偏對外境，無其外義而內識則唯；若談法相，則非談相之作用，而必談相之體性，體性之質實、體性之賅攝，必一一詳之，而《辨法法性論》乃詳無略有，何耶？若謂法性是有，法相止可談無邊者，何不舉法性真有、法相幻有義耶？若謂觀無乃可入真，幻有亦何礙於觀無義耶？是則談《辨法法性論》，一、五論未解決，二、法相異中邊義未解決也！此論梵文不存，根本無從研覈，徒憑重譯，輾轉相沿，又烏知其中所蘊何若，卻怪譯者曾不矜慎，匆匆重譯，又不署重譯之辭，而直書某某所譯，一若非譯藏文而直譯梵文者，一若原譯摩訶闍那等之責可代負者，非所謂侮聖言、淩先哲、掩眾明者耶？

復次，分別與計度或遍計之名詞古不區別，初無異義。至先哲玄奘法師時，則界限精嚴，不容稍混。計度或遍計義，範圍甚狹，唯有六七有，五八則無；分別義寬，既賅六七計度，亦攝五八任運也。《成唯識論》周遍計度，故名遍計，安慧八識皆能遍計，所據理教不能精確，犯過重重，護法破以十義，會以三事，而計度分別唯攝屬第六第七心品乃定。自是以後，辨理譯文莫不奉為圭臬，是則計度之範圍至狹，不可概虛妄分別之全分也。《瑜伽》七分別，解家以任運分別為五七八識有，餘六分皆隨念計度所攝，計度唯六七識有，是則必三分別或七分別始攝得八種識盡，所謂分別義寬也。《辨中邊論》談分別則悉舉五八六七識，曰識生變似義有情我及了；而《辨法法性論》談分別，譯者但以無義唯計為分別，又申之曰：「分別者，謂一切無唯計度耳！」又引其師說：「忘現為有，忘執為有。」二種俱名分別者，以實一切境義，唯自遍計分別故。師弟舉分別名詞，俱但舉計度一面，一若分別唯攝六七計度，不必攝五八不計度者，夫其談妄執於義無失，而名詞有失，又使譯名詞於古時無失，於今時有失，其師是藏人，或以僻遠不讀中籍，無論矣；譯者是中土人，不讀中籍而為中國譯典，可乎哉？譯家不閑千數百年輾轉辨別最後定為一尊之名詞，或閑故不用，而徒執先時混沌不分之名相以迷惑國人，又非所謂侮聖言，凌先哲，掩眾明者耶？

（一九三六年，《內學雜著》上，支那內學院，一九四二年）

辨二諦三性

大乘有兩輪，曰二諦，曰三性。二諦以說法，《中論》諸佛以二諦為眾生說法，一、以世俗諦，二、第一義諦是也。三性以立教，《密嚴》五法、三自性、八識、二無我，此即是諸佛教最後之教埋是也。說法無二道，其極曰一真法界；立教機感，其極曰二空所顯。既已云一真法界矣，而復曰二空所顯者，法界法爾唯如是真，增益固不得；法界法爾有如是幻，損滅亦不得也。不真無體，幻滅無用也。依真說法，依幻立教，此其所以立二諦復談三性歟！二諦詮真，剋實唯遮世俗諦；三性詮幻，剋實唯詮依他起性。第一義諦周遍有也，依他起性少分有也；第一義諦如實有也，依他起性如幻有也，皆有也。其為無者，二諦中俗諦無，三性中計執無也。真俗以有無判，依圓以真幻判也。

何謂二諦剋實唯遮世俗諦耶？談二諦者莫不依般若波羅蜜，龍樹有言：「觀一切法實相慧名之曰般若波羅蜜。」一切法實相，涅槃也，即第一義諦也。第一義諦有，依之以觀一切法，則凡不與第一義諦相應者無也、非也、不也，無色、聲、香、味、觸、法乃至無智、無得等也，非常、非樂、非我、非淨等也，不生、不滅、不增、不減等也，此豈言一切法斷滅無哉？《般若經》言：「如諸愚夫異生所執非一切法如是有故，應如無所有如是而有，若於無所有法不能了達，說為無明生死三界。」《般若經》又言：「甚深般若波羅蜜多，非如是等諸法所攝亦非不攝，如是所攝所不攝法，所有真如不虛妄性、不變異性、如所有性，如諸如來及佛弟子菩薩所見，是謂般若波羅蜜多。」是蓋言第一義諦如實而有也，其所謂無者，乃計執之俗諦無也。以計執之俗諦無立一切法畢竟空義，文殊、龍樹、清辨等而以為宗。

何謂三性剋實唯詮依他起性耶？依他起上若復起執為遍計所執性，即二諦之俗諦畢竟無有；依他起上不復起執為圓成實性，即二諦之真諦如實而有。於二諦外別立一性，非無如計執，非有如圓成，而亦有亦無繫於一法繼二諦而創立者，其唯依他起性乎？二分之謂識，雜以二取之謂亂，二分識上之二取亂，所謂境無識亦無也；二取亂上之二分識，所謂識體不滅之為有也。此於變似應得詳談。變之謂能，似之謂所，似於能邊謂之為分，似於所邊謂之為取，分取相錯字為亂識，亦有亦無，就識邊言，則所謂少分有也。此非獨影從見，如空中華本無所有也；此由先種今緣二分變現，不可云無也。

云何立此亂識有耶？亂識之謂染，所謂染依他也；亂云之謂淨，所謂淨依他也。諸佛立教莫不依於染淨，有染然後有淨，去染然後得淨，若染依他無，則識本無亂，何所為去，去之云何？又何淨至？唯其有染，則有纏縛，乃有解脫；縛脫對治，染去淨存，是之謂教。法爾有亂識，法爾建立有，乃諸佛方便立教之深意歟！

以依他之染性，非真有，非全無，立一切法非空，非不空義，彌勒、無著、護法等而以為宗。兩宗既立，其談一義，所趣不同，如其談計執無義，二諦唯詮二取之畢竟無也。三性則必詮二取之無於二分識上有也。如詮計執，《密嚴經》言：「諸法不生滅，不斷亦不常，不一亦不異，不來亦不去，妄立種種名，是為遍計性。」又言：「諸法猶如幻，如夢與乾城、陽焰、水中月、火輪、雲電等，此中妄所取，是為遍計性。」一諦以不義詮唯談計執無也。三性以如義詮必談無其執於有上也。又如其談圓成真義，若二諦邊，以真諦有對俗諦無，則有無異也，若三性邊，圓成真有對他依幻有，則依圓同有，不以有無異而以有上之真幻異也。

兩宗既立，各詮其所詮，各極其所至，經言：「文殊觀一切法平等平等，不見山河大地瓦礫磽确是也。」經言：「若復一法超過涅槃，我亦說為如幻如化是也。」兩宗既立，各極其至，不可以相譏；法法不相知，不可以相淆；法法不相到，非彌勒不嫺《般若》，非文殊不審《瑜伽》。既各宗其宗，法相自不容或亂也，然宗雖各別，而道不相離，八萬四千門一妙清淨道故也。二諦遮執，二性詮染，宗不同也；歸極於真有，結果於涅槃，彼云第一義諦，此云圓成實性，道無異也。不達斯旨，《般若》、《瑜伽》之上別立一宗，昧法平等，俯矚群流，高居統攝，謂為融洽，理不可通，教其無據，是謂波旬。象恭滔天，一或不慎，喪慧失命，誠可哀矣！若欲徹底嫺《般若》、《瑜伽》於一，是唯涅槃三德伊字，一語三玄，一玄三要，乃稱妙旨，須再詳談，今姑且止。故曰：「今所宜闡揚者，《般若》、《瑜伽》之教，龍樹、無著之學，羅什、玄奘之文。」

附解或四則

前作「辨虛妄分別」，廣〈瑜伽法相辭典敘〉末段之義，其根本之點，在《辨法法性論》說分別是無，與彌勒非空非不空宗有無並舉不合，不得視為彌勒學；此學說異也。而又五論未決，無梵可覈，更分別與計度譯名有違，故云翻譯不可不慎耳！文意至明，然猶有惑者，因復略解之。

一、**論宗不合**。彌勒一切法非空非不空宗。建立於《中邊》。《中邊》說虛妄分別以二分為有，又以空妄互有為有，有故非空；以二取為無，無故非不空。變現之自體，二分也，從因緣生，不可謂無；變現之所似，二取也，計所執境，不可謂有。因二分之現，乃有二取之執，安慧「釋」謂餘分別執為二取，其體非有，是也。《攝論》隨順《中邊》。說虛妄分別所攝諸識由二性安立唯識性，有相有見二識別故，此為二分釋分別之所據。若云自證之義，實發見於陳那，不可以後難前而責無著二分之不合也。

遍計所執之能取、所取二取也；能遍計之能取取與所取取亦略云二取也。其《成唯識論》之說二取薰習與由二取輪迴者，亦皆就二取取言，安慧、護法翕然無諍，不可誤為所執之二取具能薰流轉之用為實有也。明分取義，則知《中邊》所說虛妄分別有無並舉。始能盡概，義不傾動。《辨法法性論》非有無並舉，烏乎可立？論說法、法性非一異處，據藏人所傳之世親註疏而釋，是謂虛妄分別法為無，真如法性為有，故法與法性非一，因法無而法性顯，故法與法性非異。又論說入轉依處，亦據藏傳以釋，是謂法性由法無而後顯；故法現則法性隱，法隱則法性現，此皆以無義談虛妄分別。乃達於極點，幾視依他與遍計為一，空妄互有亦無以立，其與《中邊》不符，與彌勒非空非不空宗不合，猶待深論乎？

二、**五論未決**。奘傳五論見《瑜伽論記》，為瑜伽一系之舊說；藏傳五論，則超岩寺師子賢始顯現觀，大梅呾梨波始傳法性與實性，是乃無著以後六百年中顯密雜參之談。故奘傳純而藏傳駁，明明因時代先後而性質以易也。奘傳五論中，《金剛經論頌》藏譯乃不諳作者為誰；藏傳五論中，《寶性論》奘門始斷為堅慧所造。又奘傳謂《金剛論》、《瑜伽》、《莊嚴》、《中邊》皆彌勒為無著所說；而藏傳則謂彌勒但說《般若》、《瑜伽》，其《莊嚴》、《中邊》及餘三書乃彌勒自造，合為五論，此奘、藏兩傳明明因時代先後而內容以變也（近人慈氏五論頌合刊序，於舊譯寶性謂原題堅慧所造；於藏文《瑜伽》謂非出慈尊所說，又謂藏文不聞有釋《金剛頌》云云，皆有誤）。

奘傳五論皆無著、世親傳之，至玄奘、義淨不替，藏傳則《法性》《寶性》二論之師承在宗喀巴一系即有異說。或謂無著、世親、安慧等歷代相傳，與《莊嚴》《中邊》無異；或謂不然，無著後二論失傳，師子賢釋八千頌般若時猶不知有其書，迨無著後六百年，大梅呾梨波始於荒塔得之以遠承慈氏（此《第五代達賴尊聞錄》之說，由此可知藏人謂《法性論》有兩種傳承者，乃對於一種譯本之異解而說耳！與釋本之同不同無涉也）。揆之史實，後說較信，是奘、藏兩傳又明明因時代先後而師承以改也。今既溝通漢藏，兩傳變遷之故俱得而詳，詎不應善事抉擇以期見彌勒學之真歟！不加抉擇，即視《法性》與《中邊》一類，甚至疑為分別《瑜伽》，欲以闌入奘譯之林，學統淆然，其烏乎可！

三、**無梵可覆**。從目錄家通例，書之云佚者，以並世不見其本為斷。流沙石室或有埋藏，非所問也，印度、尼泊爾等地已發現之梵本皆有目錄，皆不載《辨法法性論》，故謂梵本不存耳。今譯但有西藏本可據，而藏本異文雜出，摩訶闍那等初譯為散文本（北平刻藏文慈氏五論收之），寂賢等異譯又另為一散文本，摩訶闍那等再譯又改為頌文本。據傳世親註解指論文處皆云如修妒路，修妒路是散文體，兼以寂賢異譯亦作散文，似散文本最在先出，然與藏傳《彌勒餘論》皆為頌文者即不侔，此底本有待刊定者也。娑闍那傳《法性論》入藏，授其子摩訶闍那譯之，所譯先後成散文、頌文兩本，以一傳承而自歧其例，此又底本有待刊定者也。至三本文義出入，名相異同，亦有審訂必要，皆非稽之梵文不可；今梵本不存，研覆困難，翻譯可不慎之又慎歟！

四、**譯名有違**。分別有自性、計度、隨念三種，此本《毗曇》舊義，故分別與計度名義寬狹各不同，護法許之，安慧亦許之（見所糅《雜集論》）。以其兩家俱許，護法乃能據以為因，而與安慧諍八識之孰為計度執能遍計（因明立量，因須極成，未有但自許是因而可立義以曉他者。奘師唯識量因云自許，乃簡因中初三兩字，並非簡因之全體。基疏釋之極詳）。即在陳那、法稱亦許之，《因明論》常說五識離隨念計度等分別是也。故從護法，不可混分別與計度為一，即從安慧、陳那、法稱又何得淆分別計度為一乎？此豈一家私言，而譯藏文可不必遵依者哉？舊譯名詞，精嚴未逮，自奘師刊定而後，百世譯宗，無可改轍；今猶欲概以計度譯分別，攝義不盡，所解全非，是亦不可以已歟！（舊譯常以計度遍計為分別，如能遍計譯能分別，遍計性譯分別性，皆以總詮別，故其說泛。新譯嚴其界畔，總說處必譯分別，如依他性之為分別，別說處或譯遍計，如六七識之為能遍計，各適其適，俾無異解，此固學說精研之由致，抑亦翻譯之例所應爾也。今譯虛妄分別義，於總說分別之處，而以別說計度義譯之，是則以別詮總，既異舊譯之以總詮別，復異新譯之以總詮總。以別詮別，新舊諸譯皆無其例，顛倒解生斷乎不可，又何涉於學說異同哉？故其譯札迦註解，既云五識無計度，又云五識唯自遍計分別為境，前後乖反，殆亦計度，分別二名察之未審，而譯之不當之故歟！札迦原書具在，可覆按矣！）

（《內院雜刊》入蜀之作三）

辨方便與僧制

不畏聖言，天下無是非，當前之糾謬不能，遂亦無希望於後日，而教之危險何可勝言？漸既非比丘，亦未從政，又不與聞近時法事，然數十年讀書，是非則昭然明白，本其所知陳於當世，俾有不克匡正於現在者，必將有救於未來！世尊之遺囑云何？淪胥之悲願云何？此固可已於一言乎？故前於僧人藉佛教會名義請預國選事，嘗據出家根本僧制以斥之，乃有謂是考據家言耳！有謂是不知方便之言耳！又謂是偏於小乘不適潮流之言耳！而佛教報章競載諸文於其篇首不以為異，以是知是非將淆亂於天下，乃不能已於言。夫聖言遺囑，但為供考據家資料。斯言也，吾不欲辨。若夫居革命時代而不知方便，不適潮流，其顛倒是非動人聽聞者，非善巧絕倫乎？惟其善巧，斯又非辨之不可者也。

初辨明方便，凡四：

一、**團體創制之為便也**。究竟為方便（《華嚴》、《般若》皆有此義）。佛之知見為方便，一切智智為方便（《法華》有此義）。方便者，佛法之極詣，非證果人不足以言此，是故用方便於團體者，惟佛乃能。釋迦牟尼於一燈明國以菩薩為僧，而於娑婆此土，觀眾生根器下劣無堪任能，於是大行方便，於此娑婆國土唯以聲聞為僧（《大智度論》），以是佛法住持乃住持於聲聞也（《瑜伽師地論》）。佛法住持於聲聞，是團體方便，佛為已施娑婆世界，烏容於方便之餘更用方便耶？今，僧人請預國選，非個人權宜之舉，乃團體變制之為；夫全體變制此何如事，初不聞咨於四眾，訪於有知。討論研求至再至三，先事長時審擇所處，但忽爾報載勸人熱烈參加，忽爾報載政府已准所請，迨至大義相繩，乃曰是行方便。嗚呼！方便云乎哉？古德以個人方便益以團體，今人乃以團體方便益以個人，是之謂以劫奪之手段行變制之妄為，方便云乎哉？

二、**利物利人之為方便也**。中國內地僧尼約略總在百萬之數，其能知大法，辨悲智，堪住持，稱比丘不愧者，誠寡若晨星；其大多數皆遊手好閒，晨夕坐食，誠國家一大蠹蟲，但有無窮之害，而無一毫之利者。此如不整理，不嚴揀，誠為革命時之一大遺憾。說者如具方便之心，應思此百萬之眾如何俾以利國利民，不應但參加國選即以為利國利民也。

漸以為應於百萬眾中精細嚴察，朝取一人拔其尤，暮取一人拔其尤，如是精嚴至多不過數百人。夫以數百人較四萬萬民眾，不啻九牛之一毛；以是從國家乞捨，如奘師乞太宗捨基師之例，以為專作住持大教之用，以為教團真正比丘真實宏教之用，以其清淨慈悲超然無諍為諸大夫國人所矜式，國家萬無沮尼之理，蓋所捨之民少，而所得利國之益大故耳。其餘遊民，則俾復公民之位，因以作其真正公民之事，若士、若農、若工、若商，日出而作，日入而息，則國家歲省百萬眾之耗食，歲收百萬眾之力作，夫然後乃得謂之為方便也！今置此不圖，乃輕率徒眾參加國選，謂方便，方便云乎哉？在國家未受公民之實仍為棄民，在教團驟受公民之名翻礙規法，進既不能補於國，退復不能安於團，疚心盲目，未之思耳！狼狽一至於此，方便云乎哉？

三、**各族現身之為方便也**。佛法之住持聲聞者，其事云何耶？被袈裟，住蘭若，不婚宦，不與俗事而住持也，如是謂之比丘；白衣廛閈，婚宦務俗，如是謂之公民。各以其類，不可混淆，淆則非驢非馬，不可顯類。故比丘變相，以無其類而佛教以亡。夫佛化群類，現群類身，觀音三十二應，亦各以其類而現其身，彌勒住睹史天，即亦現其天身；菩薩十王大業，初地現轉輪聖王身；乃至十地現摩醯首羅身，皆不以本身，皆同所化之身，此固善權方便，不欲眾生發生疑竇故也。

說者果具方便真心，以其高等以視團眾，則應勸其捨比丘身現公民身以救世行化也；以其卑等以視團眾，則應覈其不足作比丘身，但可還其公民身以各從其類之實也。乃說者以袈裟比丘之身，出而為白衣公民之身，一身跨兩頭以為方便，方便云乎哉？夫公民為在家人，比丘已捨家而出家；今復為公民，是又捨出家而反俗為在家人也。藉曰不然，則又是騎牆蝙蝠，混沌窮奇，世無其類，立足何依？善巧之謂方便，拙笨至是，方便云乎哉？

四、**引外入內之為方便也**。出家菩薩行四攝法，法有同事一條，非方便之證歟？然四攝之所謂攝者，由世間之外攝之入佛教之內也；比丘參加國選，由出世之內捨之入世間之外也，四攝之同行，正導之不入而誘掖之，誘掖之不入而鉤牽之，鉤牽之不入而同化之；必目的之是達，一切手段之不擇，是何誠摯！是何善巧！是何悲智！故曰方便行也。比丘參加國選，問何目的之是達？而唯手段之不擇，誠摯、善巧、悲智之謂何？應於此判曰：「引外入內是方便行，捨內趨外是慕羶行。」今說者於比丘參加國選之慕羶行，乃竟誤為方便行，方便云乎哉？曲當其情耶？除卻不以規矩無一合語，方便云乎哉？

次辨明僧制，凡四：

一、**出家者應行頭陀**[15]、**居蘭若也**[16]。聲聞弟子少欲少事，此無論矣！即以出家菩薩而言，應學應行，亦詳見龍樹、無著、寂天[17]諸家同據之《寶積郁伽長者會》。此經云：「出家菩薩應作是念，我今應住於四聖種，樂行頭陀。」又云：「出家菩薩見十利故，終不捨於阿練兒處（如阿蘭若）。」可知頭陀、蘭若，固出家者所應行也。

出家何事？學佛而已。自學未成，安能度眾（此義詳龍樹《十住婆沙》卷一）？故如救頭然，專精三學，一念而不可懈，行戒在頭陀，則龍樹之言也（《十住婆沙》卷十四）；修定先蘭若，則寂

15 是佛教僧侶的一種修行方式，梵文意指修治、抖擻、棄除，滌除煩惱與塵垢，捨卻不需要的衣、食、住來修練身心。

16 梵語「阿蘭若」的略稱，最早指森林中的空地，為出家僧侶修行頭陀行之處，引申為寺院。

17 古印度那爛陀寺著名佛教學者，屬中觀應成派，為中觀派晚期極具開創性的思想家。著有《入菩薩行論》、《學處要集》。

天之說也（《集菩薩學論》卷十三、十四）。出家菩薩為利他故，固可廣受施襯，亦可聽法化生伽藍入眾，然根本之行，不能廢頭陀蘭若。勤行自度，即為度他，超凡入聖，造端於是，龍樹大士不厭反覆，說為出家不共之行，其意深長，可思也（見《十住婆沙》）。

我佛在世，遊行宏化，不遑寧處，乞食露宿，時見經文；竹園祇洹之精舍，集眾說法地，非常住也。後世僧制日壞，養尊處優，習於喧雜，故一聞頭陀、蘭若輒目為遺世絕俗，至舉迦葉頭陀第一之說相難，一若此非餘人所得行者，何見之陋也！今出家者，皆貌為菩薩受梵網戒矣！常應二時頭陀冬夏坐禪，非梵網明文耶？豈並此可忘之耶？

二、**出家者不應參預世事，又不應為名利親近國王宰官也**。出家菩薩之異於在家者，以其無有攝受父母親屬，營農商，估事王業等種種艱辛遽務憂苦也（見《瑜伽》卷四十七）。出家菩薩必免此攝受俗事者，出入聚落則見聞聲色，諸根難攝，發起三毒，六度心薄；又與白衣從事，則利養垢染，發起煩惱，弱者不能以思力制心，或死或惱，或捨戒還俗也（《十住婆沙》卷六）。是故佛於《大涅槃經》中最後說戒：比丘不應畜財、奴役、種植、市易、談說俗事，又不應親近國王大臣，此等經律所制，皆是如來所說（經卷七）。又說息世譏嫌戒：不作販賣田宅種植，不畜財物，不觀軍陣，不作王家使命，乃至菩薩堅持是戒與重戒等（經卷十一）。又說聲聞弟子如修集在家世俗之事，又以稱譽親近國王王子，受使鄰國通致信命，如是之人皆魔眷屬非佛弟子（經卷二十六）。由是可見出家不與世事，不親國王宰官，聲聞固不必論，即出家菩薩亦懸為厲禁。誠以出家務俗必招譏嫌，既妨修道之專精，復失俗眾之信奉，此非自度度他之道，亦非住持大法之要也。

佛囑護法有國王宰官，但必國王宰官之自來親附，非以僧徒趨奉為合法也。贊寧有言：末代垢重，情移奉身，罕聞為教而親近國王大臣者（《僧史略》卷中）。自昔已然，於今為烈，彼奔走權貴自許國師之流，心地齷齪甚矣！豈可以為教親近解之乎？且稽之佛傳，佛在世時，教化國王宰官絕少親赴，說法或不廢王法正論，亦所以引俗入道，而與干政有別。如為禹舍大臣說跋祇國七事難勝，同時以此喻誡弟子有種種增長出家七法，不預世事、應居蘭若皆在其數（見《長阿含》卷二），說者乃引七事為出家參預俗務之證，可謂適得其反也。

佛法東流，側重王護，歷代君王乃得以專制淫威，種種矯作，多不可為法。有如羅什之依涼秦，一再毀戒，蓮華泥污，銜憾終身（《高僧傳》卷二）；乃至玄奘，便殿周旋，內宮就譯，亦違本懷（《奘傳》卷九表請入少林寺翻譯可見一斑），至於譯場限制，難盡譯家之能事，尤難勝論。今者國體已更，教法自主，乃不惜曲解史實以求引僧入俗，大謬矣！

三、**出家者不應服官，不應與考也**。出家沙門宏道利物，敝屣王侯，故能抗禮萬乘，高尚其事。六代而還，沙門不禮王者，論議不絕，此非吝於一拜，乃所以重佛法、護僧制，根本壁壘未可棄也。不居其實，即不受其名，故世俗爵秩，亦未應施之方外。然南北朝因設僧官，弊端漸啟，帝王專制必鄙視僧徒，如卿相而後已。降至宋代，譯場諸僧，頫首稱臣，一無異辭，而僧格掃地以盡。然此猶止於虛秩也，乃若慧琳因宋文之幸，竊參機要，賄賂相繼，孔顗歎為黑衣宰相，冠履倒置（《南史》卷七十八），此正深惡其不倫也。今之說者，乃欲舉此為僧徒楷模，可謂辱盡佛法矣！

贊寧撰《僧史略》，摭取史實以資談助，不必盡為典據。然其言曰：「朝廷行爵，釋子競官，官階勿盡，貪愛無滿，胡不養其妻子跪拜君親，有識者於此無取焉。」（《僧史略》卷下）此誠快論也。一念之貪，非盡驅僧徒返俗不止，亦非返俗不能盡其官興也。說者知引贊寧之書，而不知贊寧[18]之意，豈非大惑哉？至於國家考試制度，乃為干祿從公技術人員而設，僧徒不赴考，宜也。必以舊日考試度僧相附會，彼亦秕政不足為訓。出家受戒，廣律本有專章，簡別嚴淨，而皆由僧團自主其事，不可以假手俗吏也。今之僧徒淆雜浮濫，究其病源即在不依律實行，故至為逋逃藪為卑田院，不可收拾豈有關於考試哉？又豈足為參預俗事之藉口哉？

四、出家參政大違戒律，亦有礙世法也。出家離俗，自有其根本律儀，今三壇誓受，十方證明者，猶古之法，即所行持亦必期古之人，不得藉口時代潮流，而自喪其信守。《梵網》有言：「正見經律皆應受持」，則如前舉，《寶積》、《涅槃》諸經者，豈復有絲毫可以參政之餘地？必一切不顧，戒可毀，經可焚，俗事不可不為，是不但自喪其僧格，抑亦無人格之尤也。何待他人剝奪之哉？

且即就參選事論，國法以公民平等而不簡僧徒，與佛法放棄俗利而專志道業，兩不相強，本無所礙也。今之熱中者，不僅欲參選，且必欲獲選，故僧徒例同普通公民，本屬區域選舉之類，一二

18 九一九－一〇〇一，俗姓高，出家於杭州祥符寺，時稱「律虎」。吳越王錢弘俶任之為兩浙僧統，賜號「明義宗文大師」。太平興國三年，賜號「通慧大師」。

黠者乃不惜利用佛教會，欲附會於職業團體。然國選名額早經規定，職業團體亦已列舉，無所謂佛教會員也，僧徒必欲於其間分一杯羹，勢非枉法不止，此所謂大礙世法也。至於蒙藏僧徒，所奉之教乃顯密雜參非盡出之釋迦教，史實學理皆有可考，日本、暹羅之佛徒，以在家形式而干政，亦非此所論。但此數地教非常軌，有待我先進糾謬繩愆導之正路，非可盲從顛倒所事也。說者藉口，又何足取哉？

（一九三六年，《內學雜著》上，支那內學院，一九四二年）

與章行嚴書[19]

行嚴先生無恙耶？嘗於報紙覩見行事翊翊有生氣，凋瘵之國若都如此，外侮內爭其不可以熄乎？武人利器殺一團，辯士政策殺一國，學說潛勢殺天下萬世，使人樂酖狂死而不悟，進化論是矣（門人景昌極評進化論生命及道德文頗切）。

甲午以還，奔走悽惶，無所托足，石埭楊居士[20]講究竟學於寧，乃與桂伯華[21]諸人相率以事之，不仕不葷，絕男女之欲，悉力精研者二十年，而後豁然淹貫。講學育才，將以移易乎天下萬世，此支那內學院之由來也。別調孤彈，宗教則屏為世學，世學又屏為宗教，舂糧且不能宿蓋垂青者寡矣！

19 一八八一—一九七三，章士釗，字行嚴，湖南長沙人，為民初著名政論家與思想家，曾先後擔任《民立報》，《甲寅》主編，發表大量的政論文章。

20 一八三七—一九一一，楊文會，號仁山，安徽石埭人。清朝末年佛教居士，現代中國佛教復興運動的奠基人，美國學者唯慈稱之為「現代中國佛教之父」。

21 一八六一—一九一五，名念祖，江西九江人。上海滬萃報館主筆，宣傳維新，戊戌變法失敗後從楊文會學佛。著述僅存《起信論義記科注》及《九江桂伯華先生遺詩》。

十二年秋，公曾與太炎、印泉[22]、右任諸公，謀所以佽內院者於滬商人。而無效，公與印泉頗悶損，今者時機大至，公為天下教宗，乃作「支那內學院非宗教性質，是講學機關」之文，將用以釋群疑，呈請左右，必為宣傳。嗚呼！如先生者，可謂上不負國，下不負友者歟！天下誰不竭誠盡忠獻芹奉曝者，而況於漸乎？謹先陳支那內學院性質四條外，將一及乎教育之精神肝髓。

所稱支那內學院性質者何耶？

一、所學之目的：求得如鏡之智，照一切事物能究竟，即用為拯救拔群眾苦迷之器具，而天下皆脫苦解迷。

宗教有悲無智，科、哲學者有智無悲，佛法則悲智雙運。然其悲亦非宗教之悲，以宗教悲人不為善而生天堂，佛法則悲人不證不生不滅平等自由之理。又其智亦非科哲學之智，科學因果律展轉比量不能超量，物理推至原子電子而術窮；哲學之知識或謂出先天，然不明先天為何物？或謂由經驗，然何以突有經驗，更何以歷久長存，以故事物窮研，每難結果。佛法鏡習但是現量，一剎那間如物而量，不用比證，一剎那間現前明瞭，不藉先天，現成即是，不用經驗，以是佛法能得究竟。夫現量者，術語名無漏種發現，與常人日用行習思想邏輯之有漏種發現者截然兩物。是故佛法非宗教非科哲學，而別為一學也。

二、求學之方法：假聖言量為比量，多聞薰習，如理作意，以引生其他日之無漏，由聖言渾涵

---

22 一八七九—一九六五，李根源，字印泉、養溪。清末倡設雲南獨立會，曾任雲貴監察使。

中推闡以極其致。詳前所略，釐前所雜，或疏失之糾修，或他義之資助，以期思想之大發達。

聖言量者，非宗教之教條，但有服從而無探討；實若因明之因喻，幾何之公理也。宗教有結論無研究，哲學者有研究無結論，佛法則於結論後而大加研究以極其趣，非待研究而希得其結論，是故佛法於宗教、哲學外而別為一學也。

三、現得之學理：㈠群眾三苦熾然而後學興，一切所學為他而學。㈡唯識法相學是兩種學，法相廣於唯識，非一慈恩宗所可概。㈢法性、法相是一種學，教止是談法相，龍樹、無著實無性相之分。㈣教以法義為通途，無大小乘之畛域。㈤教無進化之理，而有遞嬗之跡。㈥理非佛說盡，而必從法印而生。㈦世所棄幻相是真相，世所執實相是空相，道在空其所實而真其所幻。㈧一切法相體用因果，法爾如是。㈨法相不可亂，六根互用以耳為見者，耳中具眼種，耳帶之發現而實眼見。㈩三性是一物，無別實物，但是緣起，故明依他起用義而法界立。(十一)不立無漏種說心性自生自滅者，墮外道說。(十二)唯識學有今學古學之異。(十三)今古學同尊無著、世親之籍，而傳本各異。奘師承今學譯名潤文，但存今學傳本之精，以西藏異譯勘無著、世親原文，而古學傳本之精時見。(十四)古以無不屬識為唯，今以無不離識為唯。(十五)古唯受用緣起，今創自性緣起。(十六)能緣挾帶所緣而起，古學就所緣種邊曰真如緣起；今學就因緣種邊曰正智緣起。(十七)真如緣起說無漏則通，說一切不通。(十八)諸行剎那頓起頓滅。(十九)一切有情各自識變，各一宇宙。(二十)各變宇宙互不相礙，光光相網。

略述二十理，恐繁且止，而皆術語，不能詳析，他日內院學理書成，將以呈公，藉餉國人。此二十條中，一至六為總得之理，七至十為法相之理，十一至終為唯識之理，其古今傳本之異，法相亦然。

佛法之晦，一晦於望風下拜之佛徒，有精理而不研，妄自蹈於一般迷信之臼。二晦於迷信科哲之學者，有精理而不研，妄自屏之門牆之外。若能研法相學，則無所謂宗教之神祕；若能研唯識學，則無所謂宗教之迷信感情。其精深有據，足以破儱侗支離，其超活如量，足以藥方隅固執，用科哲學之因果理智以為治，而所趣不同，是故佛法於宗教科哲學外，別為一學也。

四、現科學之科目：㈠唯識學，㈡法相學，㈢因明學，㈣印度哲學，㈤印度歷史學，㈥佛法律學，㈦佛法心學，㈧佛法美術學，㈨梵藏英日文學，㈩中國古文學。

心理學有與唯識意識中之一部分相似者，物理學有與唯識色法中一部分相似者，哲學有與唯識中多數部分相似者，然唯識學之因果緣依伴業所及，一物之起，實繁有緒，單純粗率，絕不能同。因明之三十二過十四類，以視近時邏輯學亦然。印度無史，依經此附全賴佛徒，世史一任其殘，斯科乃不稱學。大乘之律捨跡誅心，參其用意，足濟世間法律之窮，如何非學？化腐為新，轉凡成聖，全恃觀力，豈有神奇？萬變唯心，組成緒統，如何非學？美術者，適當其可之象徵也，思想高邁，構結逐神，此中雕塑畫像，獨非學乎？周秦邃籍，毫不問津，內典深文，烏容涉逕，風騷雅頌已不敵呵呀呢嗎之聲久矣！留此餼羊，忍云非學？

所稱教育神髓者何耶？從民之欲望，趨時之潮流，始事而兆亂者，不得辭其過；然烏頭以治風，水來而土掩，因應復因應，亦復何時已乎？夫事有似迂而實神者，端本澄源之謂，遊刃於虛之謂也。教育不以興國為的，而以民能充其所以為人之量為的；國可亡，天下不可亡，明不可失其所以為人耳！夫人也者，仁也，克己之謂仁，無我之謂仁。生心動念唯知有己，非人也；舉足下足環顧皆人，人也。為仁之方曰：「己欲立而立人。」己才有其欲，而立之見為事實者即在乎人，孔子之教育也。今天下何能之不有，而朝野上下賢否智愚，第一拳拳止知有己而不負責，豈獨武人？夫亦焉往而不滅亡者哉！事已無可奈何，以故不得不創菩薩以他為自之教育。無言之教，不行而至，華周杞梁之妻，善哭其夫而變國俗，陽明而後，誰其繼者？以故須復宋明講學精神之教育，擣虛以實，去蠶以樸，專門之學愈簡愈精，一藝一材必充其量，苟能分門別類無學而不踐其實，而所謂虛憍夸誕之士氣能長存而不變者，未之有也，以故須趨重學術團體之教育。漸愚，止足知此，唯公裁之。

（一九二五年八月十五日自南京支那內學院發，《內學雜著》下，一九四二年）

覆魏斯逸先生書

斯逸世叔，三十餘年得公賜書，無任愉快。顧賜在二月朔，而覆乃在五月下弦者，講學之說不容不慎也，且有須俟數文脫稿後意乃得達者，最要是《大密嚴經》敘文，乃漸晚年論定之學說。文成而清明節近，歸宜黃修先人墓，十有八年一親鄉里，傷心慘目亂後子遺；知政少年不識疾苦為何物，兆鄉民打死課長之變，於是有〈致熊天翼書〉。回支那內學院，作〈夏聲說〉應粵友《夏聲》發刊詞，寄去而胡展堂死矣。然講學不可已，作〈孔佛〉，昨成而今覆書，是以若是遲遲也。

來書不識太玄能得昌黎涑水尊許與否？世叔直探孔子者也，玄何足云？但有堪千古者在，尊許與否又何足恤。誠學之士，與之談佛易契，與之談儒亦入也，耳食之儔，儒難與之徵信，佛亦資之稗販耳。經藏充汗佛之幸亦儒之幸，是說也識超宋明，千載希聲，小儒封錮烏足語是，而世叔尚矣！至謂漸以遯之無不利置正直而談因果，毋乃逕庭。

漸之學佛與他人異，我母艱苦世叔所知，病魔生死，儒既無術應我推求，歸根結蒂之終，下手入門之始，亦五里墮霧髣髴依稀。乃於我母謝去之一時，功名富貴、飲食男女一刀割斷廁足桑門，四方求師友聞道，轉展難償，甚矣其苦也！三十年讀書，求諸西方古人，乃沛然有以啟我。家不幸，女蘭十七從予學於金陵，予以刻經事入隴，歸則殀歿，中夜慟哭，既已無可奈何，發憤讀書，常達旦，於時瑜伽明，唯識學豁然。迺有滇遊，四方之士日至。子震元，英邁有志，十九入同濟大學，又游泳斃，發憤讀《般若》，讀《華嚴》，讀《涅槃》，次第洞然，馴而至於近年，融會貫通，初無疑義，乃有論定學說。一知半解，誠有以窺見而不謬者在也，返而讀孔子書，誠有與宋明諸君子墮封錮之說者異也，此則是漸學佛之明效大驗者彰彰在也。

元年客北平，與蒯若木[23]、章太炎、李正剛[24]、孫少侯[25]及其他多人談，有舉佛義陋程朱義者，太炎曰：「誠是，然程朱是自義，今仍借義，須知古人智予而不可慢也。」予應之曰：「誠是，吾智不及程朱，吾福勝程朱，乃有佛義而可借也。」抑今思之，程朱何嘗無福，若使啟其封錮，豐其挹注，以聖人之書疏聖人之書，其不勝於諸賢凡之情世智說經萬萬歟！以宋明諸賢聰明研得，其不勝於下走劣陋研得萬萬歟！而不能然，徒失於封錮，可概也夫！此吾所以佩世叔之識高千古也，研得幾何，

23 蒯壽樞，字若木，安徽合肥人，曾任國民政府駐日學務總裁。

24 一八八一－一九五二，江西臨川人。早年從楊文會習佛學，與歐陽竟無、桂伯華並稱江西三傑，亦為桂圓成之夫婿。

25 一八六九－一九二四，孫毓筠，字少侯，安徽鳳陽人，民國時期政要，1915 年參與發起籌安會，擁袁復辟。

何以教我也。

今世唯物舉行，階級資產、萬力摧破，乃並昌言倒孔；孔子真髓至理，不昭白於天下，腐爛陳言苟且談之，其何以禦海潮罡颶之趨勢？念先疇之畎畝，又何以播厥百穀於天下歟？

（一九三六年五月二十一日，《內學雜著》下，支那內學院，一九四二年）

答陳真如書

前數日，治公寄到弟覆十力書數紙，以為此不過尋常辯論之交，託便寄閱邀共欣賞已耳，非商量大事懇求真知灼見以圖歸根結蒂者，故例置答；今得親函，有惶恐求責使知實踐不濫議論之辭，並希得覆。是則非尋常辯論之作，而唯一大事之舉，又安得不答？

直心是道場，不直則道不見。弟覆十力書[26]時，試檢其時是何心境？若有一毫求勝之心，豈唯應師友呵斥；若真是商量大事駁斥背教之談，則彼被駁者應如何感激涕零，恩同罔極？而翻事呵斥以塞人口，是何異周厲王殺人以弭謗？告子不動心，冥然罔覺，悍然不顧己耶？明辨以篤行，但有道理，雖佛亦許質難糾繩，講學而呵責辯論之人，吾未之前聞也；既已辯論而復求師友呵斥，吾亦未之前聞也。

玩十力之辭以推十力之意，蓋謂殺人須從咽喉上著刀，說食豈能即飽，固亦自具苦衷，而亦豈容抹殺。所可咎者，自既未得真甘露味飫人饑虛，而徒跡襲宗門掃蕩一切之陋習。宋儒鞭辟為己之

26 一八八五—一九六八，原名繼智、升恆、定中，後改名十力，字子真，號逸翁，晚年號漆園老人。

僻執，遂乃孤明自許縱橫恣睢，好作一往之辭，墮入謗十二部經、謗般若波羅蜜而不自覺，其罪伊何，寧不省惕耶？真如據教駁斥固無不合，然亦只破得十力掃教而不嫻教之愆，並不知其立宗而不成宗之謬。又所談無所有不可得、無念為念諸端，則不知境界、不諳法門，儱侗顢頇離題太遠，誠可呵責，乃正襟令顏莊重發語大聲判告曰：十力、真如不知佛之宗趣唯一是無餘涅槃，不知佛之法門八萬四千，自發心以至正覺，節節境界，節節行持，節節殊異，而非以一法門概也。

無餘涅槃為根本涅槃，所謂涅槃無體、寂滅寂靜、畢竟空是也，所謂一真法界、一切所依是也，此畢竟空人人皆具而不能顯，謂之自性涅槃。胎卵濕生、情與無情乃至俱非我皆令入無餘涅槃而滅度之，我皆令入則盡未來際作諸功德以充其量，是故不入涅槃謂之無住涅槃，無住涅槃為勝進涅槃，為大涅槃，而其根本仍無餘涅槃也。無餘猶俗言質量，無住猶俗言數量也。小乘解脫雖不若大乘法身數量圓滿，然不能因數量不滿遂並略棄解脫質量亦不談也。顧何以勸示發心動言三藐三菩提耶？涅槃所顯得，菩提則所生得，生得一分菩提，即顯得一分涅槃，涅槃必待菩提而顯，故必發菩提以顯之，作用在菩提，歸趣仍在涅槃也。

《大涅槃經》云：「菩提為果，涅槃為果果是也。」涅槃待菩提顯，而大涅槃又必待大乘大般若顯，一乘大方便顯，發心在無上菩提，充量在一切智智是也。菩提之謂智，智是無分別；必得與涅槃相應乃能無分別，乃可謂之智。智亦是無漏，必正智緣如與涅槃相應時乃能無漏，乃可謂之智。智亦是般若。龍樹云：「菩提是般若之果，般若是菩提之因。」又云：「能觀實相慧謂為般若波羅蜜。」實相是涅槃，慧觀實相即與涅槃相應，乃稱般若，乃可謂之智，智亦是觀緣。《大涅槃經》云：「十二因緣為因觀緣，智為因因是也。」《密嚴經》云：「非不見真如而能了諸行皆如幻事等雖有而非真是也。」了真乃知幻，即與涅槃相應乃能觀緣，乃可謂之智。是中如幻義皆屬菩提，非詮涅槃。《大般若經》四百七十八卷〈空性品〉：「諸法乃至如來永斷習氣，與生滅二相合者，亦皆是化。」涅槃常空，不與生滅相合非化，然變化與空如是二法非合非散，此二俱以空空故空。不應分別是空是化。

據空化不應分別義，則知五百五十六卷涅槃如幻者，是就無二無別說涅槃如幻，以皆不可得不可說故也，並非如幻義既屬菩提又屬涅槃也。法義不可限，法相仍不可亂也。觀上菩提義、無分別義、無漏義、般若義、緣生義，皆必得涅槃相應義乃成立，是故佛之宗趣唯一，即無餘涅槃是也。

十力徒知佛門無住涅槃之數量，又錯讀孔書，遂乃附會支離，竊取雜糅孔佛之似，而僻執其一途。既恐怖無餘涅槃，而大本大源於以斷絕，無本之木如何生，無源之水如何長也？常樂我淨仍不離無餘涅槃，蓋不生不滅是常，大寂靜離鬧是樂，大牟尼名法是我，解脫是淨。十力乃云：「止是自己分上事。」究竟屬自己分上何等事耶？明德是無聲無臭，中是喜怒哀樂之未發，誠是體物之鬼神，易是無思無為寂然不動，此與無餘涅槃皆有關係。《毛傳》解天命即是天道，得經文天之所以為天，包並天之體用全義。宋儒乃有流行命令偏解，而十力泥之，又拘解繫辭生生之謂易之義，而不盡其妙，遂乃不知孔學根本於寂滅寂靜也，是則錯也。

真如駁十力而不能道出種種，故曰：「十力、真如皆不知佛門宗趣唯一是無餘涅槃者。」此也，宗趣唯一，法門無量。既曰無量，則各自有其境，無所有、不可得、無分別、無心皆般若所行地上菩薩境界，非地前境界也。毛道凡夫二取熾然，何論無所有不可得？一念無心入正性離生，初地菩薩尚入定無漏出定有漏，而云念念無心耶？《大密嚴經》得無分別便入密嚴宮，密嚴是大明妙智之殊稱。《大般若經》佛告善現：「汝以辨才應為菩薩摩訶薩眾宣示般若波羅蜜多。」六百卷《般若》皆為地上菩薩說法也。《智論》謂善現是大士示現於小位，又善現得無諍三昧樂說無相，樂說無相則所說詳盡佛獨加持，雖彌勒、天王、舍利弗等皆不得為教授教誡諸菩薩主，是之謂菩薩境界也。於此境界已足借徵無餘涅槃唯一宗趣而已。

唯一宗趣無餘涅槃，是則徹上徹下、徹始徹終，須臾不離無餘涅槃也。故般若為地上學，為根本智，相應涅槃矣！而三智所繫皆不離乎根本，隨順無漏，趣向無漏，臨入無漏，是亦無漏，是即所謂地前加行智，朝宗根本也。以無所得為方便而不捨離一切眾生，是即所謂地上根本智，固根本也。一切智智皆從般若而得生故，甚深般若復由一切智智而得有故，是即所謂地上最後後得智，得根本後以之用於世間而仍是根本行也。據是三智，有情成佛，凡有初中後三漸次。引生無漏為初漸次，由凡入地歷七方便，加行智境也；無相無功用住為中漸次，自初至八煩惱障盡，根本智境也；圓滿菩提為最後漸次，一切智智乃證極地，後得智境也。如是或談五行，或立五位，或開十三住，在何拉住即何境界，談何行法，不可誣也。故曰法門非一也，而皆以無餘涅槃為宗趣也。

吾輩皆毛道凡夫，當急求初漸次加行智境界法門，若侈談無所得或竊取有所得，非方廣道人即順世外道，於生死大事何曾涉著一毫？此可欺人或自欺耶？念念無心是無漏地上境界，凡夫有漏從何覓得？然無路可通而有方便，大智慧人苦心婆心貽我大寶，豈堪忽視？無漏則無心，有漏則有心，雖則有心而心之內境有自證分亦現量得，此之現量世間現量，但能建在率爾墮心上，稍一剎那則尋求決定染淨與六識俱矣！發生六識之根是四惑相應之末那，纏眠演繹無可出期，若自證分則有漏中至善，久久緣習忽無漏生，所謂徑路絕而風雲通也。此即隨順依處，依之立引發因，能引發無漏法也。諸修道人皆恃此心，而於宗門唯一取用，然此但說心用，而法門則仍有種種可談矣！

無所有不可得是無漏地上境界，凡夫有漏但是二取，然有方便可以趣入。其在無著《瑜伽》有四尋思得四如實智，依識有所得境無得生而所取破，即得煖頂位，依境無所得識無所得生而能取破，即得忍及世第一位。世第一位一剎那見道入地矣！其在龍樹《中觀》，初觀無常，馴習以後，繼以觀空所謂三十七菩提，至涅槃城三三昧入涅槃門是也。初熟柔順忍，後得無生法忍，得無生法忍而入地矣！其在一乘大涅槃，由聖行三學進梵行無量，復由梵行所修之捨為十八空，乃得天行入地六度矣！其在華嚴地前七方便異常明瞭，淨行修無我，梵行修無法無盡，藏行而入地矣！三十七菩提分者，大小共由之路，《瑜伽》以之修對治，《中觀》以之修無常，雖三十七而根於四念住，雖四念住而要於循身觀，修循身觀者初嫻數息以定其心，繼嫻不淨以入其境，數息、不淨，龍樹謂此二觀法中真甘露門也。若欲直探般若，則亦必由三慧作意入門，而助伴於十法行句，凡此地前方便法門，任擇一途，皆可入地，無容誇大鄙薄輕非。

宗趣唯一無餘涅槃，法門則有三智三漸次，非惟佛法則然，孔學亦何獨不然？但讀《中庸》二義明瞭。初段「天命之謂性」至「萬物育焉」，統明宗趣唯一，法門三次；二段「仲尼曰」至「唯聖者能之」，但明能中庸與不能；三段「君子之道」至「治國其如示諸掌乎」，分明宗趣唯一；四段「哀公問政」至「達天德者其孰能知之」，分明法門三次；五段「衣錦尚絅」至「無聲無臭至矣」，復明宗趣唯一。

文段既晰，可以談義。一段，《中庸》是素隱之書，素其隱於不睹不聞，則與無餘涅槃相應。譬如獅子據得其窟，然後可以出而大吼，此之謂唯一宗趣。未發之中，天下大本如根本智，發皆中節，中和位育如後得智，此之謂法門三次，然天命之性已示宗趣，率性修道已詳法門矣！「一陰一陽之謂道，成之者性也。」一陰一陽則無思，無為與涅槃相應，天命即一陰一陽之天道也。自誠明謂之性，自明誠謂之教，非三漸次耶？

三段。夫婦知能費也，聖人不知能隱也，般若無知無能也；天地之大費也，人有所憾隱也，大小費也；莫載莫破隱也，鳶飛魚躍費也，戾天於淵隱也，忠恕違道不遠無入而不自得，費而隱也。鬼神離軀殼而應於無餘涅槃，得物之體而萬物無不育。學者如鬼神，初空其身，繼空其心、心所，即立於無餘涅槃地與鬼神同，體萬物而王天下豈奇異事耶？君子之道鬼神之為德，一本於無餘涅槃而已矣！

四段。不思而得，不勉而中，從容中道，誠也，聖人也，是即無所有不可得入地般若行也，則所謂根本智是也。其次致曲，可欲之謂善也。曲能有誠，有諸己之謂信也。誠則形，形則著，充實之謂美也。著則明，充實而有光輝之謂大也。明則動，動則變，變則化，唯天下至誠為能化，大而化之之謂聖也。何謂化？轉有漏心、心所成無漏四智，異物曰變化也，則入地成聖矣！則所謂加行智是也。唯天下至誠為能盡其性，乃至贊化育與天地參，先知如神，則聖而不可知之謂神也，則所謂後得智是也。此非三漸次而何？

五段。入德而天下平皆歸乎隱微乃至無聲無臭，則又鄭重歸結於無餘涅槃，唯一宗趣可以想矣！熟讀《中庸》乃知孔佛一致，一致於無餘涅槃、三智、三漸次而已。自孟子外，宋明儒者誰足知孔？唯王陽明無善無惡心之體、知善知惡是良知得有漏心之自證分，而轉有漏為無漏，隨順趣向於無餘涅槃何曾夢得？三漸次之後得智更何足談？若其餘諸儒，一言寂滅寂靜即發生恐怖，恐怖不已發生禁忌，禁忌不已大肆謗毀，夫至謗毀而無漏途竭，輪轉三途豈有窮極？滅燈毒露慧命枯亡，痛寧已哉！至三漸次更不足論！明明二之中四之下也，神聖差等經數可按，而曰：非聖人之上又有一等神人，甘持世俗見解敢與經文相背也。陽明、堯、舜萬鎰孔子九千，與經文以予觀於夫子賢於堯舜遠矣相背，又何足與談十地差別十王大業。至極之果且盲不知，民亦何能得所歸宿？

宋明諸儒不熄，孔子之道不著，邪說誣民，充塞仁義豈食人肉而已哉？如一闡提剷無漏根，寧細事哉？敬告十力萬萬不可舉宋明儒者以設教也。應知孔子之道晦數千年，當繼孟子後大啟昌明也！

吾非敢鄙儒，躬行實踐誰敢不敬，但不可以世間之賢阻至極之路也！嗟乎！悲哉！晞明死矣！曾聞何道得箇什麼？吾門諸子，其他且置，十力、真如皆行年五十，石火電光其與幾何？商量大事應如救火追亡，一切客氣悉皆屏棄。吾年七十，死亡更促，執筆答此，痛澈心脾，十力、真如，此豈求勝之書也哉！此豈求勝之書也哉！

十力原書云：「念恆持不失自己，三藏十二部都如此得著落，否則都是戲論也。善學者於此把定，不要侈談無所得與涅槃如幻。《般若》六百卷滿紙是無所得，學人實透般若，乃於無所得而無不真有得矣！真有得矣，必不漫言無所得也！涅槃只是常樂我淨，此是自己分上事，自明自見云云……」

（《內學雜刊》入蜀之作五）

再答陳真如書

得本月二十一日覆書，謂於我所答書循環奉誦繼以日夜，開示蒙昧受恩無涯。曩學內院粗知《瑜伽》，近讀《般若》乃知無上法味層出不窮，師所告誡完全接受。惟十力我見極深乃至與諸佛爭勝，師以至義對十力說均非對症，此書永遠寶存不復轉示十力云云。從善之勇，服膺之摯，心境之光明，誰與吾子！此何如事，為己為人，不應如吾真如哉！今人談義，既非為己立足於心身性命之場，亦非為人取譬於欲立欲達之地，初無樹志凌霄，繼乃名利恭敬，而又益之以幾卷古書，幾條道理，烏得不我見如山？奚能倏爾崩角？三十六種外道一與佛談即盡棄所學，無論矣！老名士董羅石，一見陽明盡棄詩瓢積縑表摯，豈復見於今日哉？十力究竟不算豪傑，雜毒已攻心矣！我亦奈之何哉？而亦烏足計哉？惟是此篇答書吾並非止為真如、十力發表要義，吾實為盡天下人發表忠言，蓋發表之意有激於自身而出者，有激於唐宋諸儒而出者。

激於自身而出者，漸幼孤庶出，母長年病，初習程朱，得鄉先生大譽，雖足樹立，而生死事不了；繼學陸王，雖較直截，而亦不了生死；母棄養，無奈何，吾友桂伯華導看《起信》、《楞嚴》，雖怏然知生死由來，而豈知無餘涅槃之說哉？於是年四十矣！究極所歸，學唯識、瑜伽而不能入。女蘭，年十七，隨予學於寧，予入隴而死，痛澈於心脾，中夜哀號而無可奈何，遂幡然求學，通宵達旦，鑽研瑜伽，於是唯識、瑜伽渙然冰解，四方之士畢至，真如、十力亦於是結道義之交。於是年五十矣！又豈知無餘涅槃之說哉？

無端而東兒死，生世十九年耳！聰明而不祿，誠悼痛之。許一鳴同時死，黃樹因同年死，於是習般若不能融貫。逾年而同懷姊死，又聶耦庚死，乃發憤治智論而般若嫺習，雖得畢竟空義，猶未敢執無餘涅槃以為宗趣也。進治涅槃，年已六十，作涅槃敘，苦不克就，乃避暑廬山，會散原至，留連數月，而涅槃敘竟，而後知無餘涅槃之至足重矣！蓋九一八大水氾濫，東夷猖獗之時也，都城未陷，予於寧院五題講會，蒙文通[27]、湯錫予[28]二君主持之，大提特提無餘涅槃唯一宗趣之義，會竟而七七事起，竟成寧院講學終結，豈細故哉？我皆令入無餘涅槃而滅度之，初以為對小乘之說，繼但存疑；數年後，夫乃決知。誰都能有漸之長年，誰非出家而畢生如漸唯此一事，誰於諸宗作窮研融會徵實以得南針，是故知無餘涅槃唯一宗趣不易易也，此所謂激於己而出者也。

韓愈文人，烏足知道，更何論清淨寂滅？村嫗唯計飽食昏睡，談何清廟明堂？宋人說理，始太

27 一八九四－一九六八，名爾達，字文通，四川鹽亭人。曾向歐陽竟無學習佛學與古代學術思想，博通經史、諸子，旁及佛道二藏。

28 一八九三－一九六四，湯用彤，字錫予，湖北黃梅人，中央研究院第一居院士。

極圖，世俗根由且依稀髣髴，何論出世真詮，又何論涅槃寂滅？闢佛者極惡寂滅，仇而恨之，其非種者鋤而棄之；人謂大乘度人窮極六道，謗者則曰：「雖則普渡有情，而所渡仍是寂滅，故佛異端耳！」略談粗義都譏禪學，試問禪何害於爾，而惡之拒之如是？皆盲昧之流，非惡寂滅，實惡斷滅，以斷滅為寂滅而惡之也；非惡禪，惡清談廢事；以清談廢事為禪而惡之也。說風是風，盲從不究，世皆敗壞，殃及學林，馴至於今仍是張冠李戴。夫無餘涅槃為何如事，天下陷溺為何如危，此烏可已已耶？此所謂激於唐宋諸儒而出者也。

來書請益，無餘涅槃幸加垂示，應重答之，諦聽無忽！無餘涅槃者，寂滅之謂也。《瑜伽》說有二種寂滅，一者，寂靜寂滅。有《涅槃》說四寂靜：當來不生而苦寂靜，三毒永斷而煩惱寂靜，背惡習善而不損人寂靜，見聞覺知不憂不喜而捨寂靜。今無餘涅槃增說亦四：無算數言說而數教寂靜，無身而一切依寂靜，無身生苦而依依苦寂靜，不思未來苦生不生而依，依苦生疑慮寂靜。此以寂靜見寂滅者，依他惑盡之境界也。

二者，無損惱寂滅。經說比丘求寂滅名真安樂住，又言由實有無生無為無等生起，而有生有為有等生起有永出離，世尊依此密意說言甚深廣大無量無數是為寂滅；所具功德難了知故名為甚深，極廣博故名為廣大；無窮盡故名為無量；有非有不可說，即蘊離蘊不可說，以無二故不能以數說名為無數；以其一向無垢謂之為無損惱也。此以無損見寂滅者，圓成德備之境界也。《瑜伽論》言：「依他起上無遍計執便是圓成。」是故依圓皆寂滅也。亦可謂依他惑盡，略如《攝論》說彼果斷，圓成德備；略如《攝論》說彼果智也。不可說無住非無餘智則異寂，而不明相應義也。

無始時來，恆河沙數諸佛世尊最崇最上曰無餘涅槃；釋迦說法四十九年最終歸趣亦大演涅槃。以是因緣，而後吾人飲甘露昧於一切法海，若全襟驪珠在握，是故智者先務之急在《涅槃經》，豈不然歟？此經說三德，曰解脫德是體，曰法身德、般若德是相用也。其宗趣有三，曰涅槃是常，解脫體也；曰一切眾生皆有佛性；曰一乘《大涅槃經》見性成佛，法身般若相用也。是三德者，不即不離，不一不異，至微至妙，妙於相應。夫相應者，不可思議法爾如是境界也。

經言：「我今當伏一切眾生及以我子四部之眾悉皆安住祕密藏中，我亦復當安住是中入於涅槃。何等名為祕密之藏？猶如∴字三點，若並則不成伊，縱亦不成，別亦不得，解脫之法亦非涅槃，如來之身亦非涅槃，摩訶般若亦非涅槃，三法各異亦非涅槃，我今安住如是三法，為眾生故名入涅槃，如世伊字。」細味經言而相應至妙之義，一語具三玄，一玄具三要是也。舉一涅槃而即具三德，一語具三玄也。舉一解脫，法身以充其量，般若以顯其德；舉一法身，清淨無垢本於解脫，功德無邊資於般若；舉一般若，因之為無分別起於解脫，果之為一切種智成於法身，則所謂一玄具三要也，皆相應義也。並則一劃，縱則一貫，誰居左右，誰為始終，面目無序，君臣無位，淆混一團，法相亂三，是則即也、一也，有過也。別不具三，解脫則有小而無大，法身則詳增上而略本質，般若則明用而非詮體、非圓相也。異地而處，三法雖具不相連屬，非妙相也。是則離也、異也，亦有過也。伊之三點非並非縱，亦非別異，而仍三法，以法相談則治而不亂，以至理談則融洽無間，相應之妙如是哉！

是故菩提涅槃曰二轉依，此二皆以畢竟空而空，則無二無別，相應義則然也；寂則凝然不動，智則萬化皆通，無礙自在，相應義則然也；佛各具法身而同一法界，亦相應義則然也。《起信論》開真如生滅二門而不立正智法，談者說同歸一法界，則止有一法界，其不明相應義而過現重重大都然也。無餘涅槃既大小殊，其為異門亦大小異，解脫則同，法身般若不同，所以異也。寂滅異門，小乘有八，斷與無欲滅諦，斷知及沙門果有餘無餘；大乘無量，略二十六，瑜伽說也；涅槃解脫一百餘門，法身有四常樂我淨。然一百餘門可攝於彼二十六門，彼二十六門可攝於此常樂我淨四門。常恆久住無變有法，攝於常也；舍宅洲渚救護歸依及與所趣安隱淡泊善事吉祥，攝於樂也，或攝於我也；無轉無垢難見甘露，無憂無沒，無熾無熱，無病無動，乃至涅槃永絕戲論，攝於淨也。

常樂我淨可攝於一，一之為歸，寂滅是也。諸行無常，寂滅為常也；生必滅故，寂滅為樂也。我得八自在，寂滅則我也；一法界清淨，寂滅則淨也。是則一百餘門與二十六常樂我淨盡之矣！常樂我淨，寂滅盡之矣！寂滅者，定境也。名大三昧深禪定窟，亦名無相三昧，無色聲香觸生住男女十相，無色而住去來進止，如是之義諸佛境界，非諸聲聞緣覺所知，此定境界猶如虛空不可壞滅，名涅槃界，亦名法界。如來出世若不出世，此性常住，又名法住性、法界性、法尼夜摩性。若有住此尼夜摩三摩地者，於諸有情心無顧戀證於涅槃，退轉諸佛法門，不得入於究竟之慧，是故菩薩捨而不證，近住而已，一切如來令從定起，超第八地乃至法雲；入佛內證作諸功德，如來變化所為事畢，然後住於真身隱而不現，此寂滅境。

佛對小乘說為無色，對大乘說色，無餘涅槃非斷滅境，一真法界清淨無垢而已。燈明滅盡，燈爐猶存；然木滅盡，灰質猶存；煩惱雖滅，法身常存，非胎藏生而微妙身，初地應寂能意生身，此之謂也。《維摩詰經》捨生死而樂法身，從如是無量清淨功德生如來身是也。定慧相資乃得生顯，慧從定生，不定無慧，定從慧顯，不慧無定，剎那相應不可說二，而寂滅則一也。寂滅就用就智就慧相應邊言，亦名密巖國，是內證聖智之所行，是大明妙智之殊稱。

《密嚴經》言：「此土最微妙，不假日月明，佛及諸菩薩，清淨光恆照。無有晝夜時，亦無老死患，殊勝密嚴宮，諸天所希慕。最上瑜伽者，地地而進修，其身常清淨，而生密嚴國。得解脫智慧，如來微妙身，三德相應義，此亦如是云。」又云：「極樂非胎生，光淨悉瑜伽，若比於密嚴，百分不及一。」上來所談寂滅諸義，於無餘涅槃已得其概，略說如是。若欲詳明，讀《大涅槃經》、《大密嚴經》。

（《內學雜刊》入蜀之作六）

第三輯

儒學與佛學

提要

收在此輯中的，是歐陽竟無試圖會通「孔」、「佛」的文章。其中形式意義重大的是「孔佛概論之概論」，標題就顯現了問題意識——茲事體大，必須從根柢上比對、思考這兩大系統，因而非但無法直接呈現會通的結果，也無法直接進入會通的程序，而是先有骨幹概論，但骨幹骨架都還太大太複雜，所以要先說「概論之概論」。

因為是「概論之概論」，所以清楚顯示了歐陽竟無的出發立場，同時也就決定了他會通孔佛的方向、能有的成就、以及必然受到的限制。雖然行文上說「孔佛」，「孔」在「佛」前，然而歐陽竟無的態度卻是堅定的佛家本位，他的定性描述是：「佛」是全面道理，「孔」則屬於佛法大架構中「菩薩行」這分支。

另外文章第一句話，和提出的第一條原則，表現了歐陽竟無對「孔學」的認知，乃至誤解。他說「孔學簡而晦」，又說學孔「不可以凡夫思想為基」，這其實就偏離了原始孔子之教的精神。孔子開創的原始儒家，都是「即事成理」，特別強調在日常的處境中，去思考如何才是最適切行為的判斷標準。這正是「以凡夫思想為基」，而且其中沒有什麼艱深、隱晦的內容。「簡而晦」的孔學形成較晚，分為兩個階段。第一階段在秦漢之際，主要受到了當時流行的陰陽五行自然主義思想滲入，因而開拓出對於超越性根源的說法；第二階段則是「理學」，因應外來佛教理論挑戰而形成的。

歐陽竟無以佛學立場否定「理學」，於是他所謂的「孔學」就縮小至第一階段的幾部代表作品《易．繫辭傳》、《大學》、《中庸》了。先如此大幅限縮「孔學」範圍，再定性評斷「孔學」只屬「菩薩行」分部，當然對孔子以降的儒家傳統極為不公平。

而且會通中，雖然說「必以學問思辨解決懷疑」，他的學問思辨畢竟還是堅持「結論後之研究」，所以先決定了以「寂滅寂靜義」，以「寂」為本體，此義無論如何不可動搖，這明明比較接近「理學」中的「無極而太極」觀念，遠離「於穆不已」、「天行健」的秦漢儒家態度，歐陽竟無的取徑相當程度上反而使他背道離目標愈行愈遠。

建立在這相對不穩定的基礎上，歐陽竟無的孔佛會通難以摸索出系統來，只以零星觀念陳述表現在短文與部分書信中。不過他將佛法思想帶入《大學》、《中庸》的鋪陳，仍然閃爍著只有深浸佛法之後才能得到的洞見靈光，值得好學者參考閱讀。

孔佛

有體，有用，有依體之用，有用滿之體。宇宙萬有，群眾思慮，莫不依於一心。心必有其體，而後可心。狀體之相貌，強而名之曰寂，非寂而誰足以當之？心必有其用，而後能心，狀用之相貌，強而名之曰智，非智而誰有以能之？智非尋常分別之慧也，必有以見寂而常與寂相應也。宇宙萬有無非幻化，群眾思慮莫非習成，於斯時也，幻有廓然，習思不起，一切皆空，身涉其境，謂之見寂，見寂而不住，百為萬事，以致其巧便之能，謂之為智，此智與寂須臾不離也。若須臾離，則邪見偏見，執斷執常，狂瞽異端，是非蠭起；須臾不離，則凡所為，叢脞而條理井然，權變而適當其可，大小內外時措之宜，無不自得。

寂靜而有為，有為而寂靜，斯謂之為應體之用。是用也，與體相依，而致力圖功乃在於用，是故正名，謂之為行。寂則有全體大寂，智則有一切智智，全體大寂盡人所有，聖亦不得而增，愚亦不得而減，障而不顯之謂凡，障淨全顯之謂聖；一切智智則非盡人有，所謂常人但有其種，種須發生，先充其量，然後乃有。寂以智生而顯，智以障去而生，障以修積而淨，淨一分障，生一分智，顯一分寂。淨纖悉細障，生一切智智，顯全體大寂，寂固無為也，不生也，仗智之有為智之發生以為顯也。此寂與智，亦須臾不離也。若須臾離，則灰心滅智，沉空趣寂，但了一身，焉知大道，須臾不離，則觀一切無所有，而不捨離一切眾生，必使宇宙齊放光明，然後真身證住清淨，斯謂之為用滿之體。是體也，以用而顯，而目注心營乃在於體，是故正名謂之為果。知行果之解義者，可以談孔佛矣！

孔道，依體之用也，行也。天行健之謂性，君子法天自強不息之謂道，天命不已，天之所以為天，文德之純，文之所以為文。子在川上曰：「逝者如斯夫，不舍晝夜。」健也，不息也，不已也，純也，不舍也，皆所以為行也。然君子素位而行，思不出位，位也者，中庸也。寂然不動之謂中，感而遂通天下之故謂之庸，知能大小費顯隱微不可得而限之，隨舉一隅畢張全體，行然後可以素位，知如此之為中庸然後可以入德；入德之初，誠也，及其成功至誠也，無非誠也。誠固物之終始也，必極於鬼神不測，無聲無臭，是之謂見寂之智，是之謂應體之用。

佛法，依體之用而用滿之體也，行而果也。二轉依之謂佛，空其所知之障，轉所依為智，曰菩提；空其煩惱之障，轉所依為寂，曰涅槃。有本來自性清淨涅槃，具諸功德無生無滅湛若虛空，所謂全體大寂也，名之曰法身；有無餘涅槃，煩惱既盡，依滅無餘，由此而證得全體大寂也，名之解脫；有無住涅槃，無餘無為，為令眾生皆入無餘，則必有為，而於無為依而不住，所謂依寂之智也，名之曰般若。由般若而解脫，由解脫而法身，頓證之時，三德不分，故談果者皆舉無餘涅槃也。所謂有因有因因，有果有果果，菩提為果，涅槃為果果是也。證大涅槃，則法界清淨，法界一真，常我樂淨安隱而住也。何謂常我樂淨耶？金剛不壞之謂常，得八自在離繫超然不屬於他之謂我，非受非覺上妙無倫寂滅之謂樂，無障無染一味平等之謂淨，有如是不可思議之鄉，是故結願在是，趣向在是，歸止究竟在是也。頓空其分別所生之二障，窺見真如，謂為見道；漸空其無始以來之二障，真如多分顯現，謂為修道；二障全空，真如出纏，頓證佛果，圓滿轉依，謂為究竟道。故曰依體之用而用滿之體也，故曰行而果也。

上來所說孔佛如此，知孔道之為行者說生生，生生，行也，非流轉於有漏，奔放於習染也；知佛法之為果者說無生。無生，果也，非薰歇燼滅光沉響絕之無也，淆孔於佛，壞無生義；淆佛於孔，壞生生義。知生生而無生是依寂之智，則知行之相貌有如此也；知無生而無不生是智顯之寂，則知果之相貌有如此也。佛與孔之所判者，判之於至不至滿不滿也，其為當理適義一也。

（一九三六年，《孔學雜著》支那內學院，一九四二年）

孔佛概論之概論

佛學淵而廣，孔學簡而晦，概論所以需要也。顧概論亦難，今日且談概論中之概論。

毗盧遮那頂上行，六經皆我註腳，求人之所以為人斯己耳，何佛之學，何孔之學。然聖人先得我心之所同然者，求然之同，故佛須學、孔須學。孔學是菩薩分學，佛學則全部分學也。斯義亦據聖言量耳，知必以聖言為量，故不具四例不可以為學。

一、**不可以凡夫思想為基，而必以等流無漏為基也**。有漏稱凡夫，雜故染故，無量劫來煩惱擾亂，識海汪洋充滿其種。譬如讀書，豈能一字一字如定者數息終日不搖？處囊之錐，東西突出，空中樓閣，結撰奔馳，一息之條貫不能，萬里之蛛絲安索？鹽車之渾水無靈，塵剎之根株何鑒？以如是雜染心判斷不可思議無上法門，而曰：聖言之量不如我思之量也！天下有如是理耶？若夫聖言，則等流無漏也，從心所欲不踰矩也。畏天命，畏大人，畏聖人之言，君子有三畏，小人則不知天命而不畏也，狎大人侮聖人之言，烏足以為學？

二、**不可主觀，而必客觀也**。主觀心實，客觀心虛，主觀有對，客觀無對，實故不入，虛故能入，有對故封拒，無對故到處皆學。主觀者先有結論，但採納以為敷佐，可利用則斷章節取，有何義之研討？客觀者先無結論，博學審問慎思明辨，比較而擇善，舍己而從人。主觀有心，客觀無心。深山有寶，無心於寶者得之，故主觀不可以為學。

三、**不可宥於世間見，而必超於不思議也**。公孫宏曲學阿世無論矣，子誠齊人但知管晏，且畏葸羲皇況秕糠堯舜，是故順世外道無當於理事。仲尼之徒不道乎桓文，蓋身在山中不識匡廬真面，欲窮千里要知更上一層也。豪傑之士舉足下足自道場來，動念生心無非尚友。臨濟觀佛有鼻有口，曰：「我可作佛。」他日竟作祖開宗。象山幼時思天際不得，讀古往今來悟無窮無盡，遂為南宋大儒。一鄉之迷傾一國，一國之迷傾天下，天下盡迷誰傾之哉。如有必為聖人之志者，是必超於不可思議也。

四、**不可以結論處置懷疑，而必以學問思辨解決懷疑也**。天下有二種人，一盲從，蓋無知識不用思想者，此無論矣。二懷疑，是有知識能用思想者，學以是而入亦以是而得也。疑必求析，若急於析則稍相應必作結論以是處置懷疑者，古之人、今之人驅而內諸罟擭陷阱之中，蓋比比也。吾嘗終日而思矣，不如須臾之所學也，學不析則問能，問於不能多問於寡則無不可問矣。問而不析又思，思曰慎有矩有繩矣，思猶不析則徹底而剖辨之，所謂明辨是也。分析必於極微，至教不可以人情也。以是而析疑而疑可析，結論乃得焉。

四例既具可學矣，可以談孔學、佛學概論矣，略舉四義而談。一、寂滅寂靜義；二、用依於體義；三、相應不二義，四、捨染取淨義，四義皆本諸二家之經，佛家則凡大乘經除疑偽者皆是，孔家則性道如《中庸》、《大學》、《論語》、《周易》皆是，文章如《詩》、《書》、三《禮》、《春秋》皆是。

一、寂滅寂靜義　自韓歐諸文學家，誤解清淨寂滅，以為消極無物，世界淪亡之義，於是千有餘年讐棄，根本不識性命所歸，寧非冤痛。原夫宇宙人生必有所依以為命者，此為依之物，舍寂之一字，誰堪其能？是則寂之為本體，無可移易之理也。寂非無物也，寂滅、寂靜即是涅槃，燈滅爐存，垢盡衣存，煩惱滅除，一真清淨，所謂人欲淨盡天理純全是也。欲明斯旨，佛家當讀《大涅槃經》、《瑜伽師地論》無餘依地也，孔家應讀《學》、《庸》、《周易》也。孔道概於《學》、《庸》，《大學》之道又綱領於在「止於至善」一句，至善即寂滅寂靜是也。何謂善？一陰一陽之謂道，繼之者，善也。成之者，性也。就相應寂滅而言謂之道，成是無欠謂之性，繼此不斷謂之善，道也、性也、善也，其極一也。善而曰至，何耶？天命之謂性，於穆不已之謂天，無聲臭之謂於穆，上天之載，無聲無臭，至矣！則至善之謂無聲臭也。至善為無聲臭，非寂滅寂靜而何耶？明其明德而在止至善，非歸極於寂滅、寂靜而何耶？不知寂滅寂靜是無本之學，何有於學、何有於佛學、何有於孔學？吾為揭櫫孔學佛學之旨於經而得二言焉，曰：古之欲明明德於天下者，我皆令入涅槃而滅度之。

二、用依於體義　寂滅、寂靜，常也，不生不滅也，真如也，涅槃也，體也，變生萬有無常也，生滅也，正智也，菩提也，用也，體則終古不動，用則畢竟是動。動非凝然，非凝然者不為主宰，故動必依於不動，故用必依於體也。此依即依他起之依，依他有淨即菩提是，依他有染即無明十二因緣是，蓋用之為物變動不居非守，故常幻化而幻化之，是曰菩提；幻化而真執之，是曰無明也；用之性質有如此也。是故說用依體可也，有去來故也，說體隨緣不可也，祖父從來不出門也。大衍之數五十其用、四十有九，餘一不用也，不用者何也，與體相應也，何以必與體相應耶？蓋不用而後能生用，用根於不用，其用乃神，孔家肝髓實在乎此。發而皆中節，根於未發之中，感而遂通天下之故，根於寂然不動，兩儀、四象、八卦，根於太極皆是也。然此不用非即是體，何也？仍是五十內之數，數之性質猶在也。凡孔家言性、言命、言天，皆依體之用也，易之道廣矣、備矣，而命名為易，易者用也，曰交易，陰陽交而成卦也；曰變易，六爻發揮，惟變是適也；曰不易，與體相應無思、無為，而能冒天下之道，所謂生生之謂易是也。吾嘗有言：孔學依體之用也，佛學則依體之用而用滿之體也。

三、相應不二義　用依於體而用猶在，不可說一，明明相依，不可說二，是故闡般若義者曰不二法門，是故闡瑜伽義者曰相應善巧。既曰相依矣，相應於一處矣，無孤立之寂，亦無獨行之智，而言無餘涅槃者，就寂而詮寂故也。獨陽不長，不可離陰而談陽也，而乾之為卦六爻純陽，就陽而詮陽也，孤陰不生詮坤亦爾也。是故談涅槃者須知三德，伊字三點不縱不橫、不即不離，是涅槃也。唯有不二法門，唯有相應善巧之可談也。

四、捨染取淨義　捨染取淨立教之原，無著菩薩顯揚聖教，作《顯揚聖教論》，一部論旨唯明是義而已。扶陽抑陰，孔學之教，陽，善也、淨也、君子也；陰，惡也、染也、小人也。扶抑即取捨，則孔亦捨染取淨也。《易》之夬姤復剝泰否六卦於義尤顯，比而觀之可以知要。

䷪夬，揚於王庭孚號有厲。　陰勢已微，猶揚猶號者，極其力而夬去之也。

䷫姤。女壯勿用取女。　陰之初起，侈而言之曰壯，厲而禁之曰勿用也。

䷗復。至日閉關商旅不行后不省方。　養之令長如是。

䷖剝。碩果不食。　珍之護惜如是。

䷊泰。小往大來。君子道長小人道消。

䷋否。大往小來。君子道消小人道長。　往來消長而判泰否，其義又如是。

了此四義，可知人之所以為人，天之所以為天，孔佛無二，循序漸進，極深研幾，是在智者。

夏聲說

人必有所以為人，然後能人，然後謂之曰人。人之所以為人者，惻隱、羞惡、是非之心是也。堂下觳觫，堂上不忍，況乎國將亡、族將滅、種將絕，痛之所不勝，不得不大聲疾呼、奔走號咷，大聲疾呼、奔走號咷而後舉國震悚，萬眾一心，出其才力智能以自拯。蹴爾嗟來，寧死不屑，況乎謂他人君，謂他人父，妻子生命繫其所屬。恥之所不堪，不得不雷聲獅吼，誅心褫魄。雷聲獅吼、誅心褫魄，而後大盜不能移國，神姦不能蠹國，強暴不能噬國。顛倒不平，昭釋於路人，況乎周孔例桀跖操檜儕曾史？傾天柱地維溺人心於必死，忍之所不能，不得不直聲執言，日光明照，直聲執言曰：「光明照而後莠不能亂苗紫、不能奪朱鄉愿不能亂德。」本人之所以為人之心，以發其至大至剛至直於聲，稱之為夏聲。無惻隱之心，非人也；無羞惡之心，非人也；無是非之心，非人也，是則無人而無夏聲也。中國蠻貊之所之，舟車人力之所至，日月霜露之所被，吾夏聲一呼，宜乎盡人憤悱，而相應以起也，孔子之道不著，軻之死不得其傳，夏聲乃不得不發。夏聲者，孔子之中庸，孟子浩然之氣也。夏聲者，以一言之曰誠，以二言之曰中庸，以三言之曰直方大，以四言之曰浩然之氣，人之所以為人，其為物不二故也。中庸何以是夏聲耶，君子之道費而隱，鬼神之德微之顯，合費隱微顯於一物，謂之為中庸，至真之物不可以費隱微顯囿也。民質之日用飲食即包竝乎知化窮神，天命之微妙玄通，無以異乎日月呈露，小以誠小，大以誠大，幽以誠幽，明以誠明，不誠無物，誠固物之終始者也。何謂終始？譬如車行，跬步其始，千里其終，輪廓錐地，轉點轉積以得一周，積周成里，積里成千，盈億累兆之周，而不能缺錐地之一點，缺一點於錐地，即不能成周成里，其勢然也。參天贊地點之至於千里也，愚不肖知能點之起於跬步也，受命制禮點之至於千里也，不覩不聞點之起於跬步也。千里之點即跬步之點，點固無殊也，舉費即舉隱也，舉微即舉顯也，費而不遺，隱微而不離，顯也。真實周通是謂中庸，故曰夏聲為中庸也。是則直方大之夏聲亦誠而已也。今夫人心之姦偽而無術以止之也，為之斗斛權衡以量之稱之，則竝與斗斛權衡而竊之，為之符璽仁義以信之矯之，則竝與符璽仁義而竊之。治老氏學者曰：「掊斗折衡而民不爭，焚符破璽而民樸鄙，攘棄仁義而天下之德玄同矣。無為而自然，希夷微而一。」此雖得中庸微之顯之理，而不得其費而隱之道。據未來將至之幾，而不順素位現在之誠。若是謂之希聲，異方直大之夏聲，包藏禍心者，又竝此而竊之曰老成謀國，委曲以將事，於是鬼蜮充於朝野，國真無以為國矣！致用之所至容或一相似，而以為大本大經者，則君子不由也。國之瘠貧，民之寡恩，聞墨氏之風者又作而起矣，節用短喪薄葬，裁物質之贏虧，以抑其性情之舒發，君子曰：「不然。」誠不可戕賊，而均則無貧，兼相愛交相利，愛人者人必從而愛之，利人者人必從而利之，君子曰：「不然。」吾誠於身而愛身，吾誠於人而愛人，若為人之愛我而兼愛人，則愛不誠，所為二本也。此亦異乎直方大之夏聲也，君子不由也。君子之正人心也必中庸是由，不誠無物，故君子貴誠。誠非第成己也，所以成物也，故至誠無息誠則全矣盡矣蔑以加矣。請益，曰：「不息而已。」不息則久而徵，博厚而高明，昭昭之天不息，而日月星晨以繫，撮土之地不息而華嶽河海以置，卷石之小不息，而草木禽獸寶藏以聚，一勺之水不息，而蛟龍魚鼈以生貨財以殖。天之所以為天，文王之所以為文，皆於此不息寓之也，又何人心之不得其正哉？此不測之義然矣。請舍不可思議而證以目前淺義亦無不效也，久於其道天下化成故也。久則是非之大明也，神咒呼名鬼蜮藏形，效一。久則識種之觸應也，人非一成善惡環生，效二。久則有徵之足信也。冰山非倚，金石足恃，效三。久則主客之勢移也，喻利拜金，聞義依心，效四。久則多寡之勢敵也，敵彼咻楚，丁寧鐘鼓，效五。久則環境之變遷也，素視琦寶，須臾弁髦，效六。久則仁義未嘗不利也，信徧國人，廣譽施身，效七。久則監偽之無終也，趙孟貴賤，董叔繫援，效八。久則清議之不容也，落魄無歸，有靦無依，效九。久則垢穢之無傷也，四凶不穀，元愷迭出，效十。故曰：君子之正人心也，必中庸是由也，是則救人以夏聲亦久於其道而已也。古之所謂夏聲者，《詩》三百篇，聖賢發憤之所作，〈節南山〉以下諸詩是也。《孟子》七篇，則疾雷破山風震海，直方大之聲，振聾啟聵於末世，無以逾焉，勾踐滅吳精神見於《吳語》、《越語》。《史》《漢》之刺客游俠黨錮獨行，凜凜有生氣，下而至於韓之文，杜甫、陸游之詩，辛棄疾之詞，史可法之疏，乃至忠肝義膽片言舒鬱，莫不皆夏聲之所寄。夫夏聲者，人所以為人之心，人莫不皆然，吾烏知今必異於古所云，丁寧淳于振鐸，急起行之而已矣。

緒言

一、學有概論，乃有系統，雖不得全，猶知其概。孔學有系統談，止是《中庸》一書，《大學》猶所不及。顧幸有概論，而又為鄉愿所誣，則與無概論等。雖然，概論而原無，不害其無，概論而亂有，實害其有。故欲探學，必辨概論。

二、認寂本體。人非喪心病狂，無不知重自家本體，何為本體，寂滅是也。寂滅非頑空無物也，乃人欲淨盡滅無一毫，而後天理純全盡情披露，寂滅寂然是其相貌，故寂滅為本體也。天下充量，動曰全體，全體者，廣大義，顧廣大誰逾於寂。天下至竟動曰實體，實體者，精微義。顧精微誰逾於寂。是故寂之為體也，體但名字。廣大精微之寂，則實相也。人但緣目前小境，不肯緣全體大寂者，小兒不知天廚糗備，自不捨手中餅餌，無怪然也。此有三事，一錯、二駭、三怖，達者則異。一錯者，不知人欲毫不可留，不知天理別有乾坤，但認寂滅全體無存，此其錯也。韓愈誤清淨寂滅，遂惡清淨寂滅，竝使千載至今，張冠李戴，豈不寃哉？人何以服韓而不信聖，書難讀也，習易從也，蔽之為害也，須辨也。演若達多，晨朝攬鏡，白怪其頭，駭絕狂走，蓋由誤來，乃至惡自而駭白，寧有日而返自，故宜辨急也。誤而駭、駭而怖，然無可怖，魚日在水中，人日在寂中，寂焉可離，怖亦不得，但辨之即啞然也。故欲研《中庸》，須先認寂。

三、為眾立教。止有寂滅是大王路，曾無人道歧於天道，然人質有殊，而皆可堯舜，是以方便依天道性立人道教。依天道性，雖雜染種，而隨順清淨種，由隨順趣向而引發轉變，乃胎脫其凡，家生於聖。是則教與非教之判，判之於寂滅清淨是依，流轉雜染是隨而已，而世見不知也。形色天性也，然是雜染種寄居清淨種之場，而不可隨也。教之為捨染取淨，依於清淨而引發其種也。是故性無頓漸，而教有等差。

四、切求功夫。功夫止是一不已而已，念念相續，無有間斷，身語意業，無有疲厭是也。性修非二，二則功夫全然不是性修非一，一則已至不用功夫，故曰不已。不欺也，善推其所為也，苟能充之也，拳拳服膺也，固執也，立見其參於前也，在輿則見其倚於衡也，一物也。心莫知其向，何所術而使之不已，然有二方便，曰厚植善根，增上善知識。厚植善根，不外乎時習，譬如牧牛，若趨水草，狃之歸路，久則馴熟而有勢引。勢引者，根力強厚如開導依開前導後，謂之曰引。詩翁陳散原，一日謂予，作詩如有嗜好者，役命於癮，轉輾不捨功於是深，癮之為言，引也。善知識者，一人、二法、三作觀、四離擾、人為師友，法為圖書，作觀如十目所視、十手所指，如淨行品一百四十，當願眾生，離擾則可已之緣應遠離，持戒第一。

五、非一人之中庸，非高談性命之中庸。談者曰：「習定是個人事。」然則治天下國家須終日擾攘耶，叢脞之謂何，故知非一人之中庸，而天下之中庸。談者曰：「中庸高談性命，何補經權？」然則所謂九經不必一誠耶。離位育參贊，誠不知其復何所為，謂之實事。

六、非鄉愿中庸。中國自孟子後數千年來，曾無豪傑，繼文而興，蓋誤於鄉愿中庸也。狂狷中庸，義利之界嚴，取資之路寬；鄉愿中庸，義利之實亂，取資之徑封。似義實利，別為一途，如半擇迦，非男非女、亦男亦女；如不死矯亂，非是非非、亦是亦非。其曰無過不及之謂中，則迷離惝恍無地可蹈也；其曰平常之謂庸，隨俗浮沉無萃可拔也。東海西海，聖人心理無不皆同，而斥為異端，簡為禪學，防為淫聲女色，一不相避即入其玄，無非凡心支解聖量，遂使心思慧命，戕賊天下後世於邪慝之手，乃猶曰：「中庸法爾而然也。」，人皆盡承曰：『中庸法爾而然也。』，嗟乎冤哉！為上六端作《中庸傳》。

（民國二十九年一月歐陽漸述於江津支那內學院）

與陶闓士書

與陶闓士書一二十七年四月六日

鄉愿何以為德之賊？孔孟何以必取狂狷？蓋相似法流與義利之辨之所以必講也。孔子開口曰：「君子謀道不謀食。」孟子開口曰：「舍生取義。」必如是充類至義之盡，而義利之界始明，鄉愿、聖人之分始晰。是則存一毫生望以為學，便是小人喻於利。有一毫苟且淆襲神明不快足，便非君子喻於義。種瓜得瓜，種豆得豆，種子雖微，發生乃大，不辨於初，必墮於終，人禽之分一成不易，可畏哉。陽明有言，不抉其根日滋灌培，但培其惡，可懼哉。是則不欲為人則已，如欲為人，則必學聖。不欲學聖則已，如欲學聖，必辨義利以端其趣也。鄉愿不然，謀食不謀道，舍義而取生，既持之有，故言之成理。而凡人又樂易於習俗，而難有出類拔萃之志，如是輾轉相承，無非鄉愿。以兩可為中庸，以淆襲為道義，亦復誰能覺察哉。孟子直指其立足曰「奄然媚世」，鎖青年向上之芽，又直斥其毒害曰「為德之賊」。明白若是尚可誣哉。有恆產而有恆心者，為一般平民言也，無恆產而有恆心者，唯士為能也，又直斷之曰「士何事？仁義而已矣。」一簞食、一瓢飲，賢哉，回也！賢哉！回也！捉襟見肘，歌聲若出金石，吾黨之士則然也。嗚呼！士既困於特立獨行之無資，而又困於賢父兄之不得，銷沮英雄往往若是，千百萬群有一於此不受困縛，而又縛於不願人為聖賢，儕落於氓之蚩蚩，何其不幸哉。有平民之教，有豪傑之教。若不輕乎群眾，孟子則曰人皆可以為堯舜而已矣。嗟乎闓士，立教不當如是哉？救今天下應以舍生取義之教。世無聖人，大亂不止，政變必不能善，雖強如列強，可以已哉，政變之變，變豈有極哉。

與陶闓士書二　四月七日

昨發長函，辨明立教之邪正，大柢生滅立腳為邪，無生立足為正，孔孟與釋迦不異。若不先事辨明，息息直追，他日何能見危授命？夫見危授命，已是今之成人，竝此而推翻之，曲順世求，此其所以多漢奸也。如某某者，學問文章、政治科學擅絕一時，前後都以漢奸為藏身之所，蓋無以植基，聲譽日隆，浸假而入於岐途而不覺也。捨生取義今日植基，見危授命他日將事，不可錯也。寡尤寡悔，祿在其中，學也，祿在其中，忠信篤敬蠻貊亦行，奈何懼政變餓死而改其趣！故既辨明立教之本，而復咏歌其事，得偈凡六。吾子不俗，當可談歟！

藝堪盟主千生造，文到驚人萬死來，解放且尋吾故我，黃昏杜宇一聲哀。
八十行年十二年，古來七十且稀奇，莫將文字來求我，六念先應死念追。
求生的是利邊存，肯死方為義入門，瑣尾流離必有事，金剛威力自然尊。
孔子毗曇彌勒天，向來水火不同年，中庸無臭涅槃寂，菩薩原來倚佛邊。
涅槃非一復非二，橫固蹈非縱亦非，一語三玄玄三要，箇中消息莫相違。
須知初步研唯識，二步還應唯智研，三步涅槃探果果，我常淨樂祕經傳。

與陶闓士書三四月二十二日

兩函談義利之辨，認明生之為利、謀生而徇俗、是鄉愿之根株，此為入德最初法門。於此方針決定，無一毫夾雜，他日必聖賢。於此方針不定，謀食謀道紛然雜出，善斯可矣何為踽踽，今日鄉愿，他日焉得而不漢奸。故不得不反覆丁寧也。世之所以一說聖人即奔走駭汗而不願聞者，為其舍生也，為其舍生則於數事不可解也。餓死之教不可普及，仰事俯蓄不可不理、科學致用不可不悉，三事是也。玆為解之。孟子「無恆產而有恆心」，明明為士言也。其為民言，明明說「有恆產而有恆心也」。士者，民之中堅，國之所基，而教之所寄，烏可以齊民恕哉？然子貢問政，子曰：「足食、足兵民信之矣。」而必究乎民之所以為民，則去兵乃至去食，曰：自古皆有死，民無信不立。孟子：

養生送死無憾，王道之始。而至談人之所以為人，則曰：人皆可以為堯舜。政可宜也，教不可移也。齊民可隨也，士不可恕也。樗櫟梗楠視其種，江漢澤淖視其趣，決定革命不惑保皇，決定抗虜國不可亡近事取徵，矧談大道，而立大教。「仰不足以事父母，俯不足以蓄妻子。」孟子此言為齊民言也，士於事蓄乃無不足，衣敝緼袍而負米百里，歌聲金石而藜藿晨昏，但見古人過量精神，未聞餓死豪傑父母。習膠貴族而夢繞玉堂，便不可織屨辟纑，便不可泥塗胼胝。寄生之路塞，不得不趣高官厚祿一途，縱飫雞豚，而豈其養志？立身行道，揚名於後世以顯父母，豈犬馬之養已哉？大同之政不興，學供終歸無術，若但恆年粗糲，豈必稚子悽其？君子喻義，已立初關，以此成材，自須博學。譬之執木，播種植根，其始也，枝葉扶蘇其繼也；立志辦道其體也，多才多藝其用也。豈惟科學致用應亟學也，文章淵雅豈廢學哉？然君子科學意在致用，小人科學乃以謀生，趣各不同，國家收穫亦憑判豐歉。子路問成人，子曰：「若臧武仲之智，公綽之不欲，卞莊子之勇，冉求之藝，文之以禮樂，亦可以為成人矣。」體用賅備乃稱全人，然亦之云者，猶有最上一層在也。今之成人體用難竝，姑先其體曰見利思義見危授命久要不忘，平生之言，亦可以為成人矣。此言亦者，但具人格異非人而已。體之為物，人禽之路，邦家之基禍福之胎，而可忽哉？先不言體，遽談無體之用，且以致用之用作謀生之用，盜明堂之器，咽賣餳之簫，何教不摧？何法可益？為之斗斛權衡以信之，則竝此斗斛權衡而竊之，亦窮於術哉？嗚呼！世之敗壞，至是極矣！觀國是者，莫不歸過於貪污之官吏，豪劣之士紳，苟且偷墮之社會，此固然矣。然亦知病本之由來乎？二千餘年，孔子之道廢，鄉愿之教行。孔子謀道不謀食，鄉愿則同流而合污。孟子舍生而取義，鄉愿則曲學以阿世。既有令名，復求壽考，腰纏十萬，騎鶴揚州，以視枯槁獨行動輒駭俗，其於世間心理，孰得孰失？其於堯舜之道，孰入孰出？當判然矣。天下之理，不上即下，豈有中流雜染無誤？豈有安樂忍性動心？亦習偷者之姑息自欺而已矣。夫人豈甘下流哉？無主於中，饑寒迫外，眾習所徇，牽率依違不能自拔，隨風墮溷漸染漸安而不自覺。緣起於不能舍生，依據於鄉愿以立足也。今日者，流血百萬，安全之地乃偃仰棲遲，曾不能掀牀露柱，刺激淋漓，而闠閱委蛇衣食奔走，若不闡明孔子真精神，何以建國？何以全愛？何以慰慘？夫孔子固溫良恭儉讓，吾非斯人之徒歟，而誰與也？但得其似，則中庸者，曲學阿世之媒，無可無不可者，包藏禍心之逋逃藪也。千秋萬歲遂至於今，孔子哀之，特於和平雍穆中，表而出之曰：「鄉愿，德之賊也。」此則孔子之真精神也。

再言鄉愿，亦止是義利之界不明，雜食於道，兩岐之立足而已。孫中山先生革命是一條鞭，不可雜保皇黨開明專制。今日抗戰到底是一條鞭，不可收容主和敗類。孔子謀道不謀食，孟子舍生取義，踽踽獨行，不可夾雜鄉愿兩邊立足之相似教。

附示陶道恕四月二十六日

君子先志而後事，孝慈之志不立，建國救亡之公忠不植，而遽言科學，科學利用急需之要，以圖其植私謀食之媒，以學以教，此神姦巨蠹埋葬英材而不用畚鍤也。百萬忠勇流血於前，而曾不動不移於毫末，有良心哉！深錮如是，尚有國哉！人不為國謀，國可存哉？國之不存，身將安傅哉？孔子大聲疾呼曰：「鄉愿，德之賊也。」君子謀道不謀食也，舍生而取義者也。七十二子誰不身通六藝，而必先立乎其大者。先其道而后其食國與身俱強；先其食而后其道身與國俱亡。供家小教習固非，識字田舍翁尤非，世兄亟須辨志，然后談事。

與陶闓士書四五月二十日

昔有參道者，左參遭斥，右參遭斥，萬道俱塞，百思無術，最後憤極，乃得一決定法，索性不參，遂豁然爆發。又有一參者，坐攀樹上，祖師教放下，乃下一足，再放，下兩足，手猶攀枝，祖師大聲放放，乃放一手，最後一手抵死不放，祖師呵棒不已，竝其一手亦放，遂爾顛墜，然墜未至地忽然爆發，漸參死字不下十餘年。今國破家亡，人生處處危險，無一毫安全可望，乃於儒門舍生取義忽然開朗，快樂萬分。有把握無恐懼又千百萬分，證之佛說，乃無不合，遂欲與人共同享受，以諸函之來正相觸動，因此喋喋多言。乃無一毫苛責人意非背東門不得入西門，非置生死度外不得直趨涅槃。謀食以謀道無此雜種，雜種不生稻而生莠，斷然之理也。此又非高談性命，乃生死呼吸腳踏實地也。來書謂今日走高徑，他日反因以墮失者，此是苦節不可貞其道窮也之意。須知此種人皆始念之志不真，繼念之學不篤，未得障堤而洪濤即至，是以隨流下駛也。若志真學篤。神明之地有無表色（小乘名詞）生，能為閑闌。劣種日銷，強種日熾，毫釐纖悉與心無欺。精積力久兢兢業業，但循其道消息盈虛，他日見危授命可息息自驗矣。舍此則節節放鬆，泄泄沓沓，聖人無安坐以致之理。又況其植種之不同哉？本為解說竝無他意，乃不覺言之乂長也，請止。

蜀儒陶闓士墓表

誠至無生死，狂狷是也。媚也求生，汩真性情，鄉愿是也。國以鄉愿亡，以狂狷存。都城陷入川，與闓士斷斷於此，而闓士惶亟，予曰：「無疑，子殆狷者乎？」今蓋棺論定，追其生平，不愈信乎其為狷者乎？

闓士幼隨大父治田間草，冬寒，水刺脛如戟，視脛非已有。廬大母墓，寢藉地，地蒸濕，中寒，患咳。後終身病肺，熏藥數十年，最後病心臟。經年淡食、枯坐。然其友楊庶堪至，則不護病，暢談三晝夜，氣下陷不治。此非誠至無生死者歟？

楊庶堪者，與闓士謀革命者也。蓋川路歸國有，志士抗爭逮獄，解救不得，而革命之圖起。闓士散家財，給四方士。事定，富而貧。楊掌川政、熊克武督軍，楊、熊隙起，川人爭奪不熄，遂悟革命之難。

入支那內學院學佛，數年苦貲給，又返川教學，聚數十人植忠信、治小學、研詞章，兼其課而不勝勞，學生感之至深切者日蕭剛，一錢肆徒耳，聞喪奔走數十里，號哭而來，宿殮牀，賻五十金，臨穴號哭而去，蓋不獨感其教。又感其給膏火俾能學，故也。闓士汲引後進恐恐如不及；峻拒非類巖巖不可渝，周濟疾苦往往不遺餘力。陶族老幼無依者，歲廩之；婚嫁無力者，任卹之。某戚落魄金陵，典裘醫其疾，貲遣以歸之。凡若所為，苟非真性情披露，亦復誰能若是？然更有難能者，則其篤於師友，一若古道之復見於今也。大方之家，趙侍御熙，立朝有風骨，教後進則詩文字皆名貴。大弟子若冉慈向楚二氏，闓士能從之遊，纔十四祀耳。冉有所說：「晝錄夜誦」，疾作，母呵之不止。怪而曰：「此兒直以冉鼻息作長風御行千里矣。」趙於渝主冉，高言既張，無間晨夕，闓士躡足側聽戶外，亦無間晨夕。向感，以其妹歸之。趙名士，般若瑜伽學易入，以闓士往返辯論，大肆其力於經藏，稱闓士「天倪居士」而不名。闓士之住內學院也，步行聽講於院之法相大學。日數四，久之體強，然熏藥涕唾衣垢，不可近。而道友之來皆趣之，終日談不退。有所商榷皆主之，蓋必有以感人者歟！予入川主闓士，晨夕供給逾恒。貧猶然也，至足感也！

嗟乎！今之師友，授受若商賈，相處數年，泛泛無所繫若浮萍。師友之道亡矣！天下，非私也；師友，與人以公者也。公之至，捨生無我，而天下平。故曰國以狂狷存，無師友，公不植於衷。私則奪據於神明，唯私是聽，唯鄉愿是學。今日野而他日朝，則朝野上下無不皆私，私而可存乎？故曰，國以鄉愿亡！嗟乎！吾不復得吾闓士而再與之論狂狷學矣。

闓士姓陶，名闓。四川江北人，家世生歿葬地詳墓誌，不再出。

覆蒙文通書三十二年二月一日

昨日得二十五函，更發此函，心中無限欣悅，不覺瑣瑣詹言也。云何喜耶？喜吾弟能以所學會友，孔門生趣將自此發動。昔以洙泗之傳期諸潄溟與弟，果不負所期哉！陳學源君相見於南京內院，頗多時日，今猶不倦所學，誠難得也！曾義甫君與弟同赴人日大會，雖未傾談，然挹德深矣！諸君子濟濟一堂，各以所得發明妙義，向往何已！蓋不減稷下諸賢，而上毗鄒魯之盛也！嗚呼足矣！漸老無用，得見諸君子之林，誠不為不幸矣！欣悅之餘，乃將私見一陳於前可乎？道之不明也！於此數千年，究其原始，乃在孔子既沒，無結集大儒缺毗曇大教，秦火漢儀，安知道之攸寄。如阿難迦葉之於佛教者，故佛學尚有典型，而孔學湮沒無緒，可勝嘆哉！今欲不忘大教以正人心，應談最勝極最勝三事。

第一道定於一尊，一則真，二則偽。孔一貫，孟一而已矣。經旨具在而可誣哉？中國推至全球，唯有孔佛理義同一，餘則支離曼衍，不可為道。陸量弘而程量隘，東海西海聖同心理，淫聲女色強忌於先，識者知所判別矣！是故欲尊孔而有力能者，當先握生天生地唯一不二之權，乃可整頓乾坤、位育一世，雖有萬魔，無損毫末，孔道不行，式微中露，尚惕然哉！

第二學得其根本。根本者，性道、文章，性道，仁也。文章，禮也。性道略以《易繫辭》談性，曰一陰一陽之謂道，一句，所謂天道，語言心行俱滅。繼之者善也，二句。善無準則，續乎天道為則。成之者性也。三句，性非苟得，圓滿充足而完成。《大學》則談誠意，曰毋自欺也，自即語言心行俱滅之天道，凡人皆具始念常見。不欺者，繼其始念也，所謂善也，孔學全在不已，在止於至善，止於不已而已也。天行健所以為天，自強不息所以為君子。如好好色，如惡惡臭，此之謂自慊。慊，快也、足也，則誠至於成也，所謂圓滿充足之性也，此之謂盡性。《中庸》則談誠之不已，曰誠者，自成也。易一句同。物之終始，不誠無物，是故君子誠之為貴。物之終始即格物，無別格物，易二句同。誠者所以成物也，故至誠無息，則無為而成。易三句同。修道原於率性，既誠於道而可忽於性天哉？性天不可聞，子貢聞而歎息不置，猶佛書之得未曾有也，遂謂不談性天，豈理也哉！子罕言仁，亦不作口頭禪而已矣。文章不但禮，而禮為幹，克己復禮，充之為國以禮。居廬郊禘，見精神極其貫格，法制政刑，見巧便不離其宗，故性天為未發之中，文章則中節之庸，仁融於心，而禮寄於事，自鄉黨以至朝庭，自小學以至大學，舉足下足皆禮是蹈，禮之為孔道之達哉！

第三研學必革命。天下英雄，使君與操，世間霸圖，尚須包藏宇宙之機、囊括乾坤之量。況大道之所寄哉？毗盧頂上行，直探第一義，依文綴字三世佛冤矣。曰古之人古之人，雖無文而猶興，在陳思魯狂簡縈於夢寐矣，价闍黎須仔細，此何如事與無擔當人商量乎？補清末所缺，事也，非志也；比肩鄭、馬，上溢董、劉，事也，非志也；極追游夏，猶事也，非志也。刪修大事，有德必有言，若使顏氏子在，安知不能贊一詞哉？顏曾思孟，是一流人，不惡於志，顏淵曰：「舜何人也？予何人也？有為者亦若是。」孟子曰：「乃所願則學孔子也。」孔子曰：「吾十有五而志於學。」故必先定其志歟，孟子曰：「士何事？曰尚志。」無志失士名矣！宋明程朱陸王最足崇拜在能尚志。觀唐虞夏商周於《尚書》，得伊尹周公之志，繼以《詩》，則記言記事之外，採風什雅感人音律，豳歌雅詠胥見其志，見盛周之全也，《詩》亡然後《春秋》作，孔子志在《春秋》，《春秋》者，天子之事也。故必有志然後乃可言學。數千餘年，學之衰弊害於荀子，若必興孔端在孟子。《詩》、《書》、《春秋》統歸而攝於《禮》，《荀子禮論》無創制之意，《中庸》本諸身徵諸人皆制作之能，學荀未免為弊人，學孟然後為豪傑之士也。有志然後能文章，更能進於性天，《禮》須囊括宇宙，《易》則必超於六合之外，《禮》唯集中國之大成，《易》則必契般若瑜伽之妙，而得不可思議之神，《中庸》之素隱不已與修道，語語皆與涅槃寂靜相符，漸既揭之矣，而《易》之契般若瑜伽者留待能者可乎。自來說經唯《易》採道家語，而猶未能融佛氏理，藕益《禪解》八股時文最足害人，發菩提心超祖越佛者，干雲直上唯見徧周沙界真幻一味，則必不遺《易》與瑜伽之參究者歟。三段私見，若解經家都願學孔，或不河漢視之。

第四輯

序文、傳略

提要

歐陽竟無在文章中反覆強調：「佛法無戲論」，他對待佛法研究極度嚴肅，沒有明確源頭根據的演繹想法，對他來說就是「戲論」；沒有指向最根本究極之處的的種種說明解釋，對他來說也是「戲論」。

影響所及，歐陽竟無幾乎沒留下什麼輕鬆的文字。貫徹一生，儘管活到了「五四」白話文運動後四分之一世紀，他從來不寫白話文。不只發表的文章，就連私人書信都用典雅帶點纏繞風格，明顯脫化自古佛經譯本的文言文。他甚至也不討論不解釋自己的堅持，讀他的作品，幾乎要忘掉有白話文這種東西，他應該是由內容而及於形式，認定凡是以白話文寫成的，都是「戲論」吧！

勉強能找得到，稀有珍貴的，是他所寫的《詞品》。離開了嚴格的佛學，稍涉及文學的領域，讓我們得以鬆一口氣確定，歐陽竟無除佛經、佛論之外，也讀秦觀、黃庭堅、姜夔、蘇東坡、辛棄疾、李後主，甚至也讀鍾嶸和司空圖。

不過在序言中，他仍然強調這不是「戲論」。《詞品》分甲乙篇，甲篇「悲歌慷慨」、乙篇「清淨幽閒」，甲篇是應長子、國民黨海軍將領歐陽格之請而付印的，重點在於一九三三年現實中所感的國難當前。日軍佔領東北，接著爆發上海保衛戰，然後又有滿洲國的建立，產生了「天下溺矣」的危機感，需要舉國上下「救火追亡」，而最先的第一步，就在「發奔走呼號之一聲」，歐陽竟無是藉「浩氣超塵」、「議論縱橫」、「去國哀思」等詞作，冀望喚醒國人同急國難。

就連乙篇也不是閒散之作，而是反映了歐陽竟無對建國以來情況的批判。他所看到最突出的現象，是人人自我中心，徹底拋卻了儒家的「恕道」，也就更不可能有佛家的「悲心」，於是「取酒取嬾」，忘機天籟只能沉湎昏昧，昏昧廢事，就不可能讀真正「清淨幽閒」的詞了。

在陳散原去世時所寫的「事略」稿，最能看出歐陽竟無被嚴格論理自我要求壓抑了的文才。他追述和陳三立、梁啟超聚會的回憶，歐陽竟無勸梁啟超放下俗務專心習佛，陳三立簡潔地回應：「不能」，而梁啟超只沉默以對。接著陳三立順勢問讀哪本佛書最不辛苦，自覺與梁啟超的心境形成對比，陳三立堅決表示從此之後他一切都拋下，什麼都不多想，連詩都不寫了，「優游以待死」。

以這段為鋪墊，歐陽竟無帶出了陳三立最終在日本人佔領下，憤恨絕食而死的情況。處於那樣的時代，梁啟超有所不能，看穿梁啟超「不能」的陳三立終究自己也不能真正「優游任運」啊！

詞品甲乙敘[1]

詞品甲敘

菩薩視眾生將墮三塗，而不得不悲；視羅剎之必赤人族，而不得不憤。既悲且憤，不得不奔走呼號。蓋亦異乎大愚不靈，大哀心死者矣。山河破碎，上下晏然，秉國不均，民將無氣。若使無氣，則碪俎宰割固無妨，赧顏事仇亦何害？人生至此尚足問哉，吾焉能忍與此終古？國之強也，氣之熾也；國之亡也，氣之餒也。誰能使氣之熾而終於不餒耶？要此錐心刻骨之事，常目在之，而後可也。昔吳王以闔閭之死也，出入必使人呼曰：「夫差汝忘越王之殺汝父乎？」則對曰：「唯不敢忘。」三年遂報越。吾不懼乎國破家亡也，吾懼乎滅亡之事，與時俱去，曾不一怵惕也。悲憤之激，不得其平，要使窮天地亙萬古而不沒者也。果窮天地亙萬古而不沒也，無涯之悲憤，必得其平，會有時

1 為歐陽竟無所著，一九三三年，支那內學院刻本《詞品甲一卷》《詞品乙一卷》二書之序文。

也。身語意業無有疲厭，林池樹鳥皆演法音，且將轉五濁惡世於極樂國，而無難也。痛定思痛，奔走呼號，寃霜夏零，杞哭城崩，天地亦為之動容矣，獨有情乎哉？精衛銜木石，群馬悲鳴而不食，百族且為之傷慼矣，獨人類乎哉？農傷於壠，工歎於肆，商忿於市，乃至嫠不恤其緯而憂宗周之殞，舉國黔首日夜腐心，咸扼腕裂眥而不可已矣，獨士君子乎哉？士君子者，懷寶櫝璵，坐視陸沉，帝冑左衽，歌聲裂石穿雲，振古而今。是故此一篇者，乃奔走呼號之一聲也歟！凡物寫真其狀至賾，司空圖繼梁鍾嶸作《二十四詩品》，詞亦何獨不然？花間大晟，秦黃耆卿，後夢窗而前美成，此一品也。浩氣超塵，東坡薌林，此一品也。仙風颯爽，世外希真，此一品也。胸中不平，議論縱橫，稼軒後村，此一品也。去國哀思，羈愁沉鬱，李煜而後，遺山彥高之倫，此一品也。既談斯事，應區品類，曲盡其致。然今天下溺矣，救火追亡，直奔走呼號而無及。故其他一俟承平，而先發奔走呼號之一聲。事竣，格兒請梓，願出資。急國難，應如是，從之。

（民國二十二年五月敘於支那內學院）

詞品乙敘

建國於自由平等，非建國於雜霸功利。雜霸功利、歐禍蔓延，不可已已。中國數千年神聖之教，不受爾汝之義？根於心，以之抗敵，即以之建國。不受爾汝之義，忠於己曰自由，恕於人曰平等。以之建國，即以之大同致太平世。世界先導師產生母，今中國也。宜知是時，寧用終日。夫以不受爾汝之忠為自由，則必不以縱橫恣睢，唯吾不違，為自由也。又以不受爾汝之恕為平等，則必不以均勢分利，各霸一隅，為平等也。有自由平等之心，然後有自由平等之行，有自由平等之行，然後有自由平等之果。福生有基，禍生有胎，植種不純，趨勢演繹，日尋干戈，安所望於飲和食德。無自由平等之行，而得自由平等之果者，未之有也。見群龍無首吉，是故舜以不得禹、皋陶為己憂，舜視五臣皆舜之才，皆為舜事，是為五舜，五舜皆為，一舜乃可無為。若乃以一為五，量局小康，苟簡自用，上行下效捷於影響，則割據囂然，凌駕競起，民亦各有其家，各利其利。四億五千封建國制，有何公益？無自由平等之心，而能自由平等之行者，未之有也。夫所謂自由平等之心者何耶？天下何思何慮，由仁義行，非行仁義者，孔子之教也。息其煩擾惱亂，而現其寂滅寂靜者，釋氏之教也。順，化也。息，機也。不事安排，大公無我，天然自然也，此則自由平等之心也。相貌難言，詩人言者，取酒取嬾。夫所取以酒者，忘機天籟之是取，非沉湎昏昧之是取也，而所取以嬾者，不事安排之是取，非消極廢事之是取也，昏昧廢事，則爾汝甘受，有何人性，以視雜霸且天上人間，不嫻斯意，不能讀斯詞也。抗敵以不受爾汝之忠，氣不憤悱不能忠，詞品甲語悲歌慷慨；建國以不受爾汝之恕，氣不和順不能恕，詞品乙語清淨幽閒。非相違也，而相從也。不嫻斯意，不能讀是詞也。人日大會，真如超如孟如冶公德三佛心茂芹。相率遠至。報之斯冊，公之天下，儻亦邦家之基歟！

（民國二十八年三月敘於江津支那內學院蜀院）

心史敘

有由我，有不由我。由我者，呪願是也。小之洞金石、塞滄海、移太行、王屋，大之生天、生地、生物，不測造極樂國，但一誠之所至無、不皆至。不由我者，現量是也，事本現在，不由乎人望後扳前。事自現成，不由乎人逞私營己。事原顯現，不由乎人索隱鉤深。運不守乎故常，理非極於一往，過時必復皆不人由。若能永貞其由我。而時乘其不由我，天下事蔑不濟矣。古之志士仁人，循是道以收其效者，比比皆是，鄭所南其一人也。鄭所南作[2]《心史》[3]，其〈久久書〉，屢屢敘，療病呪，永貞乎由我者也。不起義兵，但以心志，移灌後人，緜緜以俟時，乘乎不由我者也。元運終八十年，而河山恢復，所南心志竟成，非天下事蔑不濟歟！夫人有心，國亦有心，心之精爽是為魂魄，精爽至於神明，強死猶能為厲，魂不附乎肢體，何論人事陰陽。悲乎！有國有家者不知也。徒眩人，

2 一二四一—一三一八，鄭思肖，號所南，又號三外野人，宋末元初儒生、畫家、詩人。

3 鄭思肖將自己所著詩文編為《咸淳集》、《大義集》、《中興集》等，總題為《心史》，記述元世祖至正二十一年以前的蒙元歷史，如蒙族起源，以及蒙古滅金、亡宋的過程，並分析南宋滅亡的原因。

不信自，懾惕而無氣也。虜強我弱，時也。神明之胄必強，日月經天，江河行地，萬古而不移也。不信自，無魂魄也，亡矣，直需時耳。若欲不亡，應信自、應信神明之胄必強，應攝持其魂魄。古今慷慨悲歌之士，鏤肺肝，括肪髓，不得已而發乎文字之聲者，皆魂魄之所寄也。中國有百千萬億如是之聲，如之何其必亡也。中國有百千萬億如是之聲，如之何若存若亡而不一敷布也。敬恭告天下，天下今日迫切復迫切、殷重復殷重者，心學也。嗚呼！世之舍心言學，以提倡於國人也久矣！四庫於《心史》，曰不避諱、錯人名，文詞蹇澀，紀事與史不合，斥為偽不著錄。是齗齗於郛外，不知魂魄肺肝何物。夫以不知魂魄肺肝何物，率天下後世學，人奈何有氣，國焉得不亡。事急矣，學不可不變。格兒二十年讀《心史》不得，得讀出資請梓，因敘而梓之以貽國人學。

（民國二十二年八月敘於支那內學院）

散原居士事略[4]

改革發原於湘，散原實主之。散原發憤不食死，倭虜實致之。得志則改革致太平，不得志則抑鬱發憤而一寄於詩，乃至於喪命。徹終徹始，純潔之質。古之性情肝膽中人，發於政不得以政治稱，寓於詩而亦不可以詩人概也。光緒丙午予始識散原，因梁任公談道定交，乃在民國壬戌。公生平事，殊昧然，不堪傳概。然先生嘗謂予曰：「石埭稿編不善甚，至人自有千古，此亦何足重輕？」以是觀之，不堪傳概何害？雖然，予猶得有述者。光緒丁未，散原督辦南潯鐵路，恨無獻替，則施其薪於金陵刻經處，辦祇桓精舍。未久，格人事廢罷。丙戌，予自隴歸，同事有遺言。散原以詩戒予曰：「對子怪且歎。未礙須彌尊，萬緣自推轉。萬蠕自吟呻。生天亦安之，守死嚌其真。」是雖戒予，亦自道也。越二年戊午，支那內學院建立，散原又作緣起曰：「世無往而非階亂造劫之具，續石埭未竟之志，謬冀進之清淨悲智，推窮無復之之運會於百一也。」越數年壬戌，梁任公研唯識學來，

4　一八五三—一九三七，陳三立，號散原，江西南昌人，晚清同光體贛派的代表。與譚嗣同、丁惠康、吳保初合稱維新四公子。

嘗相聚於散原別墅。一日酒酣，噓唏長嘆，蓋散原任公湘事同志，不見二十年，見則觸往事而悽愴傷懷也。任公語予：「蔡松坡以整個人格相呈，今不復得矣。」散原語予：「蔡松坡考時務學堂，年十四，文不通，已斥予以稺幼取之，以任公教力，一日千里，半年大成，今不可復得矣！」酒闌，絮絮語。余謂任公放下野心法門龍象，散原曰：「不能。」任公默然。散原問何佛書讀免艱苦，任公以《夢遊集》語之。散原乃自陳矢，今後但優遊任運以待死，不能思索，詩亦不復作也。辛未夏，散原避暑北平，升車，將發，忽不適，而住廬山。予敘涅槃久不成乃亦住廬山。月餘而就。稿甫脫，亟視散原，悲鴻、次彭俱在，距躍無已。散原翌日造予，邀遊黃龍觀雙樹。予獻詩曰：「剩有娑婆一散原，天工鬼使滯征轅，纔探般涅槃經袐，便示娑羅雙樹痕。散木斧斤終莫夭，至人淵嘿總無言，黃花翠竹都饒笑，秀北能南兩弗諼。」散原曰：「永矢勿諼也。」自後一晤於支那內學院而住北平，遂不復見。寄余書曰：「住北平，終日不出戶庭，寂坐如枯僧。」予以為優遊任運以待死也，而豈知發憤不食忿怒亡哉！吾知之矣，墟墓生哀，宗廟生敬，情用不同，所以為情一也。天倪曼衍，正氣捨生，所以嚌真不失本心一也。大殺戮，社將屋，惟彼木石冥頑不此怒，夫散原者，固古之性情肝膽中人始終一純潔之質者也。

現代中國學術論衡

錢穆／著

中國重和合會通，西方重分別獨立，一切人生及學術，無不皆然。遠自《漢書．藝文志》，下及清代《四庫全書》，讀其目錄，中國學術舊傳統大體可知。近代國人一慕西化，大學分院分系，乃及社會學人論學，門類風格，煥然一新。即如宗教、科學、哲學諸名稱，皆譯自西方，為中國所本無。既無此名詞，亦無此觀念，又何能成此學術？今國人乃以新觀念評舊學術，遂見其無一而當。

本書即就近代國人所承認之學術新門類及其新觀念，還就舊傳統，指出其本屬相通及互有得失處。使讀此書者，一則可以明瞭中西雙方學術思想史之本有相異處，再則可以由學術舊傳統，迎合時代新潮流，而創開一新學術之門戶，以待後人之繼續邁進。

中國文化叢談

錢穆／著

本書為錢穆先生有關中國文化問題之講演，經其整理而成。內容分為上下二編，上編就中國歷史，指出中國文化之演進與文化復興運動之主要途徑所在；下編則分述中國文化之各個層面，如宗教信仰、道德修養，並兼及海外移民等等。凡錢穆先生對中國文化之看法，大體完備於此，其精闢之見解，值得反覆細品。

民族與文化

錢穆／著

「民族」與「文化」兩名詞，乃近代國人所傳譯之西方語，但在中國上古實早已有之，民族乃中國所謂之「血統」，文化乃中國所謂之「道統」。由此民族創造此文化，但非此文化，亦無由完成民族。中國人主張文化之意義與價值實更高於民族。本書內分講義與講演詞之兩部分，書中涵義宏深，仍有值今我國人重讀研討之價值。

先秦諸子繫年

錢穆／著

「孟子見梁惠王，究竟是在梁惠王幾年？」這個自古以來中國史家從未解決的問題，啟發了賓四先生撰寫本書的動機。先秦諸子年世問題實多，前人多據《史記．六國年表》加以考訂。然〈六國年表〉僅據秦史，本身即多闕漏。先生乃透過考證汲冢《竹書紀年》，改正《史記》之牴牾；兼之遍考諸子著述，博採秦漢古籍，對先秦諸子之生平思想，各家學派之傳承流變，一一論證。其廣度與深度，為當時的學術圈開創了一番新境界。

本書取材之廣博，考證之綿密，俱值得當代治中國學術思想者，反覆細品。而作為賓四先生早期最重要的著作，本書體現了先生對史料爬梳抉剔、條分縷析之治學精神，亦為研究其思想者所必讀。

兩漢經學今古文平議

錢穆／著

清代乾嘉學者，窮研古籍經書稱治漢學，以與宋明理學家之宋學有別。到了道光、咸豐、同治、光緒時期，乃至於民初，兩漢的今古文之爭又再次引發學者討論，康有為主張今文，認定劉歆是偽造古文經的罪魁禍首；章炳麟主張古文，認為劉歆對經學的貢獻足以媲美孔子。

本書首章收錄〈劉向歆父子年譜〉，一一指出上述兩派學者的錯誤，第二章為〈兩漢博士家法考〉，說明兩漢博士治經之所以有今古文之別的真相；第三章〈孔子與春秋〉闡明公羊家的理論，符合孔子春秋的精神；最末章〈周官著作時代考〉則在於證明《周官》乃是後人偽作。錢穆先生此書替晚清以來的經學今古文爭論，畫下一個句點，實為研究中國經學史首要研讀的一部經典之作。

文化與教育

錢穆／著

本書彙集了錢穆先生在抗戰時期於昆明、成都兩地所寫，分別刊載在報紙及期刊上之專論、講演詞，計二十篇，民國三十二年曾於重慶出版。後經先生親自校閱，乃以全新版本面世。

全書分成上下兩卷，上卷探討文化與學術趨向；下卷則談論教育、政治等。各篇所討論之議題，儘管歷經數十載，今日讀來，不僅一無過時之感，反有歷久彌新之致，先生思想之洞見，由此可見。

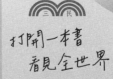

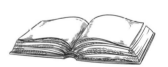

國家圖書館出版品預行編目資料

解讀歐陽竟無／楊照策劃、主編.——初版一刷.——
臺北市：三民，2024
　面；　公分.——（展讀民國人文）

ISBN 978-957-14-7683-4（平裝）
1.歐陽竟無 2.佛教 3.學術思想 4.文集

220.9207　　　112012633

展讀民國人文

解讀歐陽竟無

策劃、主編　楊照
責任編輯　欒昀芳

發行人　劉振強
出版者　三民書局股份有限公司
地址　臺北市復興北路 386 號 (復北門市)
　臺北市重慶南路一段 61 號 (重南門市)
電話　(02)25006600
網址　三民網路書店 https://www.sanmin.com.tw

出版日期　初版一刷 2024 年 1 月
書籍編號　S782630
ISBN　978-957-14-7683-4